U0609095

会泽吉利

张文荣　编著

云南美术出版社

图书在版编目（CIP）数据

会泽吉利 / 张文荣编著 . —— 昆明：云南美术出版
社，2023.10

ISBN 978-7-5489-5238-1

Ⅰ . ①会… Ⅱ . ①张… Ⅲ . ①汉语—熟语—汇编
Ⅳ . ① H136.3

中国国家版本馆 CIP 数据核字 (2023) 第 047938 号

责任编辑：台　文
装帧设计：迟晓静
责任校对：陈铭阳

会泽吉利

张文荣◎编著

出版发行	云南美术出版社（昆明市环城西路 609 号）
印　　刷	曲靖日报印刷厂
开　　本	889mm×1194mm　1/32
印　　张	7.5
字　　数	180 千
版　　次	2023 年 10 月第 1 版
印　　次	2023 年 10 月第 1 次印刷
书　　号	ISBN 978-7-5489-5238-1
定　　价	60.00 元

前　言

何谓吉利？就是吉祥顺利之意，指事情顺利，合乎心意，吉祥如意。早见于西汉焦赣《易林·蒙之娖》："举家蒙欢，吉利无殃。"《后汉书·西羌传》："（其兵）以战死为吉利，病终为不祥。" 唐裴铏《传奇·薛昭》："居首女子酹之曰：吉利！吉利！好人相逢，恶人相避。"元无名氏《小尉迟》第一折："出军发马，也要个吉利。"姚雪垠《李自成》第二卷第十九章："周后一心想着签上的诗句，哪有闲心听宫女奏乐？但为着取个吉利，便轻轻地点一下头。"

我们通常所说的"吉利"，是指吉利话，即吉祥、顺利的话，又称顺口溜、口彩、吉祥话等。如事事如意、岁岁平安。吉利话，可以说全国各地都有，但表现形式各有不同。从句式上看，有三字一句、五字一句、七字一句、九字一句等，也有不规则的，三字说一句、四字说一句、五字说一句等等；从韵律上看，每句、每两句或多句后面，都有一定的韵脚，但没有诗歌那么规律严谨，只要说起来朗朗上口，听起来好听入耳

1

会泽吉利

即可；从场景来看，大多是在红白喜事、起房盖屋、搬家入宅、开业开工等喜庆的时候讲，而且与山歌有相同之处，都是根据场景，即兴而来、随口而出，基本都是口口相传，很少有文字记载。从内容上看，有文雅的，有俚俗的，有斗嘴的；从表现形式上来看，有说的，有唱的，还有说唱的。从位于我们乌蒙山主峰地段的会泽来看，除方言味较浓外，也是大同小异，唯有表现形式以说唱为主，有说有唱，更添喜庆。

随着时代的变迁，社会的进步，经济的发展，会讲吉利尤其是讲传统吉利的人越来越少，甚至有些年轻人，不知何为吉利。虽然大家在逢年过节等喜庆日子，会发个短信、微信祝福，也会讲一些吉利话、祝福话，但已经失去了传统吉利的韵味。如此美好的传统文化、民俗文化，恐有失传、被淹没之疑，每每令人不安，于是产生了收集整理的念头。断断续续、七前八后，历经六年多的时间，在众多亲友的帮助下，走千村寻百寨，翻千山过万壑，终于收集到这些吉利，心里的石头总算落了地。但由于时间精力有限，以及会讲吉利的人越来越少，可能还有一些不全面、不到位的地方。但不管怎么说，总算留下了点东西，也算了无遗憾！

张文荣

2021 年 1 月 21 日

序

　　普及九年义务教育，让大多数人识字、有文化，能系统地接受教育，是新中国成立以后的事。而在旧社会，识文断字的人只是少数，大多数国民是文盲，华夏五千年的悠久历史有三个主要阶层：官吏阶层、士绅阶层和农民阶层。

　　我们经常讲我国历史悠久、文化灿烂，但有机会接受系统教育的人毕竟是少数，而多数农民手工业者是目不识丁的文盲，他们接受的文化教育很少。那么，农民阶层是不是没有文化呢？当然不是的。平民阶层为了生存，农民在田地里精耕细作，手工业者在家里精雕细琢，他们也有自己的文化，这种文化是从土地里生长出来的，从锤子里锻打出来的，从艰难的生活中感悟出来的，通过智者的反复提炼，形成了农耕文化、民间智慧。

　　民间智慧有以下几方面的特点：

　　第一，生财之道——勤劳。只有勤耕苦作，才能获得生

3

活资料，才有生活来源，才能维持生计。反之，如果懒惰，就会一事无成，挨饿受冻。因此，古人总结了很多俗语来表达这种思想。例如："人勤地生宝、人懒地生草""一日之计在于晨、一生之计在于勤"。

第二，生活之道——节俭。因为生产力水平低下，在生活用度上必须开源节流，也就是要多生产，少浪费。节约就是在产品一定的情况下，可以让更多的人消费，消费更长的时间。中国民间逐渐地把节俭变成了一种习惯、一种道德、一种修为传承下来。例如："静以修身、俭以养德""惜衣有衣穿、惜饭有饭吃"。

第三，安心之道——知足。土地里谋生，靠植物生长。植物生长有其自身规律，受大自然的制衡，时常有灾害发生。在科技不发达的古代，产出的产品十分有限，这是很难改变的现实。既然改变不了现实，那么就只有改变认识现实的态度，那就是心态，知足常乐的心态。所以，古人把知足常乐定格为重要的人生观。慢慢地，知足常乐也就变成了一种心态、一种修为、一种安身之法。例如："知足就是财富、贪欲就是贫穷""平安是幸、知足是福，心静是禄、寡言是寿"。

第四，处世之道——礼让。小农社会的一个特点是抵御天灾人祸的能力特别弱，一个家庭如果死了一头耕牛，就不能正常进行生产。季节不到，庄稼就不会成熟，想吃也吃不到，只能忍耐到成熟时。与人打场官司，就要倾家荡产。所以，忍让是一种自我保护的方式。放低身段做人，慢慢地演变成的一种习惯。在忍让的过程中，有了忍让的方法和技巧，就成了礼让。忍让升华成了礼让，就成了一种文明。例如："忍得一时之气、免得百日之忧""忍人让人、礼多不伤人"。

第五，理想之道——祈福。离苦得乐，追求幸福生活是老百姓的理想，也是人的天性。老百姓在土地里讨生活，从事农耕和放牧，都希望风调雨顺；春耕秋收，成果丰硕；养殖家畜，六畜兴旺；做任何事，顺顺当当；一家老小，平平安安。如果前面四个方面的文化特质，多是用民间俗语来表达的话，那么，追求美好生活、祈福的方式，则多数是用吉利来表达。例如上梁的吉利：上梁上梁，子孙满堂；建设华厦，乐业安康；立下千秋业，奠定万年桩；年年添新屋，岁岁有余粮；子孙登高第，金马对玉堂；东壁图书府、西园翰墨香，左有藏金屋，右有积谷仓；幸福生活万年长！

吉利是一种特殊的文化形式。

吉利是一种口传文化，民间智慧，是在民间口口相传的民俗文化。是一种特殊的文学形式，其特点是有乡土味、接地气，不受体例的限制。咋个好说就咋个说，咋个好听就咋

会泽吉利

个讲，只要朗朗上口、稍有韵脚即可。在会泽民间，红白喜事、起房盖屋和开业开张，只要稍微大一点的生产生活活动，都喜欢讲吉利，可以说是一种流行文化。

讲吉利有什么好处呢？一是讨个口彩、图个吉祥；二是增添喜庆和热闹气氛，让大家心情愉悦；三是讲吉利可以用约定成俗的版本，也可以依据当时的场景，现编现说。对讲吉利者而言，有展示才艺的意思。因为在农村会讲吉利者，大多是当地的能人。

令人遗憾的是，由于现代人生活节奏太快，吉利作为一种饱藏乡情的民间文化，受口口相传、无文字记录的限制，此种艺术形式正在这块古老的土地上快速地消失。也许正是看到了这一点，张文荣先生才下决心进行抢救性收集整编。

张先生是个深入民间，热爱家乡的文化人，有较深的"民智"情结，之前花费数年工夫收集会泽山歌，出过一本集子，深得好评。而今由他收集整理的吉利，即将印刷出版。两本书的出版，将起到抢救和传承民间文化的作用，也可供喜爱这一文化板块的人们学习借鉴。

其实，民间文化最主要的表达方式有三种：山歌、吉利、民间俗语。与山歌、吉利相比，民间俗语的运用更广泛，在生产生活中，在教育子女的过程中，随处可见，随处可用，其特点是富有哲理性，对人特别是对孩子有较强的教育意义。我非常希望，文荣先生再接再厉，再收集整理一册《会泽民间俗语》。倘如此，三本书，一个完善的会泽民间文化体系就可完整地呈现出来了。

尹正祥

2021 年 11 月 6 日

目　录

红喜事吉利…………………………………………………… 1

　一、订婚 ……………………………………………………… 2

　二、备婚 ……………………………………………………… 4

　（一）安床 …………………………………………………… 4

　（二）照相 …………………………………………………… 5

　（三）压床 …………………………………………………… 5

　（四）铺床撒床 ……………………………………………… 6

　三、花枝会 …………………………………………………… 13

　（一）穿衣戴帽 ……………………………………………… 14

　（二）戴花 …………………………………………………… 15

　（三）换鞋 …………………………………………………… 16

　（四）点蜡烛 ………………………………………………… 16

　（五）铺毡子 ………………………………………………… 17

　（六）开红 …………………………………………………… 17

（七）传统挂红…………………………………18

（八）新版挂红…………………………………24

（九）闹花枝会…………………………………25

（十）谢红………………………………………26

四、讨亲…………………………………………26

（一）发烛………………………………………27

（二）拦门劝酒…………………………………28

（三）挡酒………………………………………29

（四）押礼………………………………………29

（五）挂红………………………………………31

（六）结婚梳头…………………………………34

（七）敬新郎酒…………………………………34

（八）发亲说辞…………………………………35

（九）迎亲启程…………………………………38

（十）迎亲下轿…………………………………38

（十一）迎亲进门………………………………38

（十二）迎亲跨火盆……………………………41

（十三）迎亲进中堂……………………………41

（十四）端洗脸水………………………………41

（十五）叩头拜堂………………………………42

（十六）送入洞房…………………………………………46

五、闹洞房……………………………………………47

六、迎亲回车马………………………………………51

七、送亲回程说词……………………………………52

（一）女方送亲客说…………………………………52

（二）公公说…………………………………………53

（三）女方娘家说……………………………………53

（四）婆婆说…………………………………………53

（五）女方送亲客说…………………………………54

（六）哥哥说…………………………………………54

（七）新郎说…………………………………………54

（八）新娘送长辈说…………………………………55

八、谢媒………………………………………………55

九、回门………………………………………………57

白喜事吉利………………………………………………59

一、入殓………………………………………………60

二、上供品……………………………………………61

三、唢呐进场…………………………………………61

四、唱孝歌……………………………………………63

（一）拜高堂…………………………………………63

会泽吉利

（二）封赠孝家 …………………………………… 64

（三）孝家有个好母亲 …………………………… 66

（四）送娘亲 ………………………………………… 66

（五）一对白鹤 …………………………………… 67

（六）老人转世冒忙抬 …………………………… 67

（七）十二月哭娘亲 ……………………………… 68

（八）十炷清香 …………………………………… 70

（九）十送爹爹 …………………………………… 72

（十）十分钱财 …………………………………… 73

五、发丧 …………………………………………… 75

六、总管喊礼 ……………………………………… 77

七、孝子谢席 ……………………………………… 81

八、起棺 …………………………………………… 87

九、转棺 …………………………………………… 87

十、破土 …………………………………………… 88

十一、进井 ………………………………………… 88

十二、立碑 ………………………………………… 88

十三、孝子叩谢 …………………………………… 92

（一）谢乡邻 ……………………………………… 92

（二）谢亲朋 ……………………………………… 92

4

（三）谢帮忙人 …………………………………… 92

（四）谢伙房 ……………………………………… 93

十四、除服告席 ………………………………… 93

起房盖屋吉利 ……………………………………… 97

一、开工动土 …………………………………… 98

二、闹梁 ………………………………………… 99

三、上梁 ………………………………………… 102

四、撒梁 ………………………………………… 111

五、祭梁 ………………………………………… 114

六、上梁挂红 …………………………………… 120

七、安墙脚石 …………………………………… 123

八、立门 ………………………………………… 124

九、打灶 ………………………………………… 129

开财门吉利 ……………………………………… 131

搬家吉利 ………………………………………… 141

酒席吉利 ………………………………………… 151

一、总管安排入席 ……………………………… 152

二、结婚总管吉祥话 …………………………… 153

三、厨房斗嘴 …………………………………… 156

四、夸厨师 ……………………………………… 157

五、好个老表 ………………………………………… 158

六、小小酒瓶 ………………………………………… 159

七、酒席添饭 ………………………………………… 161

开张开业吉利 ………………………………………… 163

剃长毛收干儿子吉利 ………………………………… 167

一、剃长毛 …………………………………………… 168

二、收干儿子 ………………………………………… 171

祝寿吉利 ……………………………………………… 173

一、主持人说辞 ……………………………………… 174

二、亲戚朋友说辞 …………………………………… 177

耍龙灯吉利 …………………………………………… 187

提车吉利 ……………………………………………… 191

节日祝福吉利 ………………………………………… 195

一、春节 ……………………………………………… 196

二、元宵节 …………………………………………… 197

三、二月二 …………………………………………… 198

四、清明节 …………………………………………… 200

五、五一节 …………………………………………… 200

六、端午节 …………………………………………… 202

七、中秋节 …………………………………………… 203

八、重阳节 …………………………………………… 204

九、国庆节 …………………………………………… 205

十、元旦节 …………………………………………… 206

掸尘扫房吉利 ………………………………………… 207

贴对联吉利 …………………………………………… 211

修身箴言 ……………………………………………… 214

编后记 ………………………………………………… 217

红喜事吉利

讨亲　王良忠　摄

会泽吉利

在中华五千多年文化的积淀下，各种传统的礼仪、风俗形成了独特的婚礼文化，传统中式婚礼中的许多仪式也一直延续至今。大凡婚俗，各地皆是大同小异。多年以来，对于乌蒙山中的会泽来说，古时的婚姻礼仪，也要经历"三书六礼"。"三书"指的是聘书、礼书、迎亲书；"六礼"指的是纳采、问名、纳吉、纳征、请期、迎亲。通俗地讲，就是指求婚、合八字、订婚、送聘金聘礼、择定婚期、迎娶。各个环节既独立存在又相互衔接，都有其独特的方面，都时兴讲吉利。如今，随着时代的发展进步，现代化的婚礼令人眼花缭乱。虽然现在的婚礼开放、高端、大气，但那些年代庄重朴实的婚俗，尤其是结婚过程中所讲的吉利，至今仍然值得用心去珍藏。本篇根据张桃定、黄应华、刘关玉、王宝林、王刘巧、雷顺所等人的讲述，把会泽地方传统的红喜事办理及讲吉利的过程进行了整理编排，相对较为完整。

一、订婚

过去订婚，先请媒人议亲，议定后，开始递"小礼"，男方将商定好的礼品用杠箱抬到女方家，然后，女方大多用金团、油包及闺女自做的绣品等回礼。男方送"过书"，俗称"红绿书纸"（纸张两层外红内绿），女方送"回帖"认可，俗称"文定"。而现代订婚，大多是男女双方互赠订婚礼物，佩戴订婚戒指，喝订婚酒等。

（一）

天搭鹊桥，人间奇巧，一对鸳鸯，恰逢订婚新禧，花开成双，喜结连理，甜甜蜜蜜，百年夫妻，天喜、地喜、人也喜，物喜、事喜、样样喜。

（二）

良辰行乐事，吉日结良缘，XX 和 XX 订婚，赠送彩礼，彩礼四万八千元，事业四平八稳，生活平平稳稳，婚姻幸福美满。

（三）

吉时吉日，佩戴订婚戒指，戒指一戴，手相牵，情相连，纯洁的爱情地久天长，幸福的生活圆圆满满，美好的家庭团团圆圆。

（四）

端起酒，举起杯，相互喝一口，爱情甜蜜更长久，百年好合不分手，情投结成两家亲，和和美美过一生！

二、备婚

（一）安床

结婚安床，是婚期定好后，男方请木匠师傅制作新床，新床做好后，在新房里安装时，有的木匠师傅也会讲一些吉利，讨个口彩。

1. 吉日太阳出东方，吉日良辰安床檐，今请鲁班师傅到，手持金斧到洞房。左边安起鸳鸯帐，右边安起象牙床。床档本是千年木，床檐本是紫檀香。千年木来紫檀香，四块金砖垫四方。生下五男并二女，夫妻富贵永久长。今日安床已完毕，万事如意又大吉。

2. 这张床来四角方，张郎设计鲁班装，中间雕起银牙板，两头做的亮格窗。快把新床安妥当，新郎新娘入洞房，牛郎织女配成双，夫妻恩爱万年长。

3. 席梦思床四个角，四角里面装喜鹊，喜鹊喜鹊生喜蛋，不做皇帝就做官。这张床来四角方，龙床花烛两面光，两边打的龙缠柱，中间打的凤成双，龙缠柱来凤成双，儿子儿孙坐中央。四角床头按一按，养的儿子做县官，四角床头理一理，养的儿子当总理。

（二）照相

古代结婚是没有照相机的，只有画像，而且，只有官宦人家或大户人家，才请得起画匠画像。照相是近现代才兴起的，有的在照相时，也会讲吉利讨个口彩。

日吉时良，天地开张，东家请我，说段吉祥：亲朋好友，都在帮忙，男的发烟，女的发糖，新婚大吉，喜气洋洋！男女成对，龙凤成双，花车一排，鞭炮齐放，新娘新娘，美貌堂堂，温柔贤惠，端庄大方！新郎冒忙，过来照相，你和新娘，站的一旁，百年好合，地久天长！郎才女貌，富贵鸳鸯，今日照相，儿孙满堂，个个状元，代代兴旺！

（三）压床

结婚的头天晚上，要找两个小孩，聪明伶俐、健康可爱的金童玉女睡在婚床上，谓之"压床"，每人也要给个红包。大多还要讲点吉利话祝福。

会泽吉利

1. 压床，压床，左边是金鸡，右边是凤凰。鸳鸯戏水一对枕，鸾凤和鸣呈吉祥，生个女儿赛西施，生个儿子状元郎！

2. 压床压床，喜气洋洋：夫妻恩爱，共枕同床，百年好合，鱼水情长；早生贵子，播种成双，一儿一女，龙凤呈祥；生个儿子当总经理，生个女儿当董事长。

（四）铺床撒床

铺床的禁忌：在古代，结婚代表的意义更多是传宗接代、延续生命，因此，寡妇或未生育过的妇女是不能触碰新房的被褥、床品的，甚至是不能搀扶新娘的。一般主卧室是不让太多人进去的，恐有人不守规矩乱坐了新床。新郎新娘在未举行婚礼仪式之前，也不可坐在床上。

准备铺床用品：一般选择吉祥喜庆的红色，有的要求床上要有十八件物品，如四床被子、四床垫单、四床垫棉、两对枕头、两对靠垫等。床上需要有花生、桂圆、红枣、莲子、栗子等干果（寓意早生贵子），还要摆放玫瑰、百合等鲜花（寓意百年好合），还有婚纱照、蜡烛等，另外备一些干果、水果、点心和喜糖等招待来宾。

铺床一般是清早，邀请"好命婆"为新人进行铺床。铺床人一般由男方家邀请，要找"全福人"（身体健康、父母双全、配偶健在，至少生儿子的，最好儿女双全的）铺床。要在床上放个红包给铺床人。

铺床的过程，各地风俗也略有差别，一般床门向窗，衣柜顺堂，门不对柜，镜不向床。主要流程除了扫床、铺鸳鸯枕、龙凤被之外，最被大家熟悉的应该就是"撒床（撒帐）"了。"撒床"是指将花生、桂圆、莲子、栗子、枣子等干果铺撒在婚床上，取义"早生子、莲生子、花生子（儿女双全）"多子多福的生命祈愿。在铺床的过程中，铺床人边铺边说吉祥话、顺口溜，以祝福新人平安顺利，幸福如意，讨个好的口彩。

铺床 王良忠 摄

会泽吉利

1.铺床铺床,儿孙满堂,先生贵子,后生女郎,福禄双全,永远吉祥!绣花帐子高高挂,十彩被子铺满床,鸳鸯枕头床上放,绫罗绸缎装满箱!春雨浓浓育新苗,鸳鸯戏水配成双,自由恋爱结硕果,创家立业把福享!洞房花烛红似火,美好日子今起航,新婚夫妇甜如蜜,夫妻恩爱万年长!

2.铺床铺床,喜气洋洋,家庭和睦,幸福吉祥!新郎事业有成,新娘理财有方,在家孝敬父母,出门财喜两旺,儿孙聪明智慧,父母舒心健康!主人家里很客气,招待宾朋很大方,发了喜烟,又发喜糖,发了又发,好事成双!

3.铺床铺床,喜气洋洋,男婚女嫁,花烛洞房:一铺鸳鸯戏水,二铺龙凤呈祥,三铺鱼水合欢,四铺恩爱情长,五铺早生贵子,六铺儿孙满堂,七铺百年好合,八铺地久天长,九铺家庭和美,十铺前途辉煌!

4.铺铺毡,生个儿子做高官!铺铺被,生个儿子大富贵!挂挂帐,生个儿子当皇上!

5.一进新房亮堂堂,东家请我来铺床:一铺鸳鸯戏水,二铺龙凤呈祥,三铺鱼水合欢,四铺恩爱情长,五铺早生贵子,六铺儿孙满堂,七铺百年好合,八铺家庭美满,九铺地久天长,十铺前途辉煌!新毛毯,鸭绒被,小两口,一头睡,明年要生生一对,一男一女齐名声,天生一对大学生,铺床铺得这么好，一对双胞跑不了，铺床铺得这么全，荣华富贵万万年！万万年！

6. 走进新房，喜气洋洋，东家请我来铺床。铺床铺床，儿孙满堂！铺被铺被，荣华富贵！小小枕头四支角，姑娘儿子考大学！这张喜床铺得好，夫妻二人过到老！这张喜床铺得宽，生对宝宝要当官！这张喜床铺得长，生个儿子状元郎！铺了这床蚕丝被，小两口一头睡，今年生贵男，明年生闺女，

铺床 蔡富磊 提供

贵男闺女又听话，读书一定考北大！恭喜贺喜，发财就从今天起！说也说不来，讲也讲不来，从今以后就发财！

7. 铺床铺床，儿孙满堂，铺被铺被，荣华富贵！新床新棉新被窝，睡在床上很暖和，今年睡了生两个，明年睡了生一窝！

8. 铺床铺床，喜气洋洋，今年有喜，明年有礼，三挑鸡子，两挑大米！堂前一对烛，明年娃娃哭！堂前一枝花，明年娃娃喊爸爸！铺床言语不长讲，红包钱来我不要，这是替主人家帮忙，只要香烟和喜糖，有没有？（有）现过手，过了此时我不好开口，铺床言语不多讲，荣华富贵万年长！

9. 铺床铺床，喜气洋洋，男婚女嫁，花烛洞房，家庭和睦，幸福吉祥。今天我们来铺床，明年添个状元郎。一铺金，二铺银，三铺子女一大群。一张床儿四只角，生个娃儿考大学。一个床头四角方，生个娃儿坐中央。铺床铺床，儿孙满堂，先生贵子，后生女郎，播种成双，龙凤呈祥，福贵双全，永远吉祥。铺床铺床，喜气洋洋，先铺四角，后铺中央，夫妻恩爱，共枕同床，百年好合，鱼水情长。

10. 铺床铺床讲些名堂，郎才女貌配成鸳鸯，新人新事新被新床，才子佳人配成一双。人人夸奖个个赞扬，先铺四角后铺中央，夫妻恩爱日子红亮，百年好合儿孙满堂。先生贵子后生姑娘，五男三女凑成四方，几个省里几个中央，几个武官几个宰相，今晚把新床铺好掉，层层有人代代辉煌。

11. 喜洋洋来笑洋洋，举步来到新人房，新人房中亮堂堂，左边摆的金交椅，右边摆的金嫁妆，席梦思来象牙床。一铺鸳鸯来戏水，二铺龙凤来呈祥，三铺鱼水来合欢，四铺恩爱又情长，五铺早生贵子，六铺儿孙坐满堂，七铺百年又好合，八铺富贵又荣昌，九铺家庭又和美，十铺前途更辉煌。

12. 喜洋洋来笑洋洋，新郎请我来铺床，铺床铺床铺新床，男婚女嫁铺洞房，门神对子两边贴，左边贴的秦叔宝，右边贴的是敬德，左青龙来右白虎，青龙白虎对财门，步步走进堂屋门，乌木桌子中堂放，虎皮交椅四路分，红漆椅子两边摆，总管样样好安排，堂前点起龙凤烛，贵宾贵客拥满屋。

13. 床铺盖来放中央，费了父母好心肠，养女成人送婆家，早生贵子跳龙门，绣花帐子高高挂，七彩毛毯铺满床，鸳鸯枕头床上放，绫罗绸缎装满箱，春雨浓浓育新苗，鸳鸯戏水配成双，自由恋爱结硕果，成家立业创辉煌，洞房花烛红似火，夫妻恩爱万年长！

14、撒床撒床，喜气洋洋，我拿喜糖，来撒洞房：一撒荣华富贵，二撒金玉满堂，三撒状元及第，四撒龙凤呈祥，五撒儿子拜宰相，六撒六合同春长，七撒夫妻同到老，八撒八马转回乡，九撒九九福寿长，十撒主家代代旺。

15. 撒床撒床，金玉满堂！床上撒撒花，明年生个胖娃娃！床边撒彩纸，明年生个胖儿子！

16. 喜洋洋笑洋洋，一步走进新人房，新郎请我来撒床：一撒鸳鸯戏水，二撒龙凤呈祥，三撒鱼水合欢，四撒恩爱情长，五撒早生贵子，六撒儿孙满堂，七撒百年好合，八撒地久天长，九撒家庭幸福，十撒前途辉煌，和和美美万年长。

部分吉利讲述者　刘关玉

三、花枝会

在新婚的前一天，男方家会提前通知自己的亲戚朋友（主要是新郎的舅舅、姑妈、孃孃、家门叔侄等）一起吃顿婚前的酒宴，称之为"花枝会"。但这酒宴的档次与正席的档次相比，要略差一点，晚宴后，亲戚朋友全留在新郎家，参加重要的"挂红"仪式。

挂红仪式算是婚礼中男方最为隆重的仪程，"挂红"就是亲戚朋友为了祝福新郎，在新郎身上挂红绸、红布，一般长度为六尺左右。夜幕降临，帮忙的弟兄伙伴们聚在堂屋中，布置"挂红"的场地，让新郎先穿戴好衣帽，铺好毡子，并在堂屋的中央摆上一张八仙桌，上面摆上一个有"喜"字的搪瓷喜盘，堂屋的神龛两端点上红红的喜庆蜡烛。主持人（一般是村中能说会道的年轻人）按照长幼有序的原则，让德高望重的老人在八仙桌的四周落座，辈分最高的上座，其余的依次落座，整个堂屋中挤满前来道喜的亲朋好友。

准备完毕，"挂红"仪式正式开始，新郎端庄地站在八仙桌前，面向堂屋正中，主持人端着喜盘开始"口传请柬"，一般的内容为：新郎的XX，堂前有请，登堂授礼了！听见"请柬"的亲戚朋友，便拿出提前备好的礼物放入主持人端起的

会泽吉利

喜盘里。主持人当场宣布随礼的明细：花红一匹，炮仗一封，押红钱XX元等。宣读完毕，由随礼人把花红挂在新郎身上，边挂边讲吉利，内容雅俗共赏，能说的就说一大篇，嘴笨的就整几句凑合。然后屋外鞭炮响起，为仪式助兴。每个人讲完吉利挂好红，主持人都要讲，谢谢XX家的金花银红一匹！或谢谢XX亲戚！

（一）穿衣戴帽

1. 好呢一顶帽，拿的新人头上罩；好呢一件衣，拿的新人头上披；好呢一条裤，刚刚缝掉半匹布；好呢一双袜，拿的新人脚上抹，好呢一双鞋，拿给新人穿起来。

2. 这顶帽子圆又圆，两朵鲜花插帽弦，左边插的金花果，右边插的果团圆，金花果来果团圆，荣华富贵力万年。这件衣裳一件袍，新郎穿起好相貌，我说新郎相貌好，脱掉蓝衫换紫袍。这条裤子两头通，新郎穿起好威风；这双袜子弯又弯，左手提来右手穿，左手穿起生贵子，右手穿起做高官；青布鞋来白布底，万丈高楼从地起，先穿袜子后穿鞋，福又来是寿又来。

3. 一条凳子四只脚，借与新郎坐一坐，有请新郎来坐起，几句好话对你说：一件衣服不多高，先穿袖子后拉腰，自从

14

今天穿起来，代代儿孙穿金袍，一件袍子新又新，轩辕织布到如今，轩辕织下万般布，机仙圣母来打成，自从今天穿起后，早生贵子跳龙门！一双袜子新又新，周公治下到如今，周公治下周公礼，自古流传到如今，自从今天穿过后，夫妻和睦结同心！

（二）戴花

1. 手拿金花亮晶晶，说起金花有原因，南方来个张银匠，北方来个李匠人，二位匠人齐到堂，来把金花来打成：一打大星配小星，二打梭罗树一根，三打桃园三结义，四打狮子配麒麟，五打五子登金榜，六打神仙吕洞宾，七打天上七姊妹，八打南京对北京，九打新娘生贵子，十打贵子把官升。

2. 一对鲜花十样景，两位师傅真高明，手拿金花喜洋洋，今夜拿来戴新郎。左插一朵生龙子，右插一朵生凤凰，一对红花红满堂，今夜拿来贺新郎：一贺鸳鸯成双对，二贺龙凤配鸳鸯，三贺你富贵在上，四贺你福寿安康，五贺你发财兴旺，六贺你儿孙满堂，七贺你官职升涨，八贺你花烛洞房，九贺你早登金榜，十贺你地久天长。

（三）换鞋

一步金来两步银，三步四步到大门，

双双脚步前后换，脚脚踏的紫金砖，

紫金砖来紫金砖，两条金龙往里穿，

穿到东房生贵子，穿到西房中状元。

金龙盘在中柱上，天井放个荷花缸，

莲子上面落凤凰，凤凰不落无宝地，

金鸡凤凰配成双，贵人出在你府上。

（四）点蜡烛

1. 小小竹子绿茵茵，东家砍来做蜡心，裹上灯草淋上油，燃着火，点着灯，一屋照得亮铮铮。

2. 小小紫竹绿茵茵，将的砍来做蜡心，灯草裹，香油淋，一屋照得亮铮铮，上罩一堵红云起，下罩一朵百花开，红云起，百花开，房间拉出帅哥来。

3. 一对烛儿红彤彤，二人点烛敬神宗，二人合意把烛点，照得东家万代红，看新娘来照新娘，富贵花烛亮堂堂，新娘房里好嫁妆，新床新被新罗帐，鸳鸯枕头放两旁，八仙桌子在中央，茶烟水果还有糖，结婚三朝无大小，男女老少闹新房，这个喊来那个嚷，今夜鸳鸯配成双，新房里头闹洋洋。

16

（五）铺毡子

1.天上贵星绣夫头,绫罗织毡抱出来,绫罗织毡堂前垫,有请新人站起来,团转站的是六亲,中间站的是新人。

2.天上贵星桃夫台,红毛织毡抱出来,红毛织毡堂前垫,又喊新人站拢来,团转站的是六亲,中间站的是新人。

（六）开红

说开红来就开红,好比三国赵子龙,

长坂坡前保阿斗,万马丛中称英雄!

一开天长地久,二开地久天长,

三开荣华富贵,四开金玉满堂,

五开五子登科,六开六合同春,

七开天上七姊妹,八开神仙吕洞宾,

九开九龙归大海,十开天子坐北京。

我今开红把你夸,今晚挂红又挂花,

左边拴个花结子,右边拴个结子花,

花结子来结子花,来年生对胖娃娃,

一个坐北京上海,一个坐昆明长沙,

花红挂起就挂起,富贵荣华从今起。

（七）传统挂红

1.这匹花红耙又耙，今晚拿来乱挂挂，一走今晚挂起来，来年生个胖娃娃。

2.小小花红长又长，出在苏州大染行，青蓝白布都不染，染匹毛红挂新郎：一挂天长地久，二挂地久天长，三挂荣华富贵，四挂儿孙满堂，五挂五子登科，六挂六畜兴旺，七挂天上七姊妹，八挂神仙吕洞宾，九挂老龙归大海，十挂云南大红伞，十一十二挂得好，挂个珍珠配玛瑙。

3.小小花红不多长，苏州拉到柳州行，苏州拉的长绒衣，柳州拉的罩绒裳，长绒衣，罩绒裳，这匹花红挂新郎：一挂天长地久，二挂地久天长，三挂荣华富贵，四挂儿孙满堂，五挂五子登科，六挂六位高升，七挂天上七姊妹，八挂神仙吕洞宾，九挂老龙归大海，十挂状元坐北京，十一十二挂得好，挂个珍珠配玛瑙，左边像珍珠，右边像玛瑙，挂个百年夫妻同到老。

4.小小花红不多长，苏州拉到柳州行，苏州拉的长绒衣，柳州拉的罩绒裳，长绒衣，罩绒裳，这匹花红挂新郎：左挂左边灵芝草，右挂右边双凤朝阳。花是什么花？八辈子孙不分家，红是万年红，八辈子孙不受穷。身披花红，子弟荣荣，人在十七八，正在充英雄。

5. 这匹花红一丈二尺长，今晚拿来挂新郎：一挂天长地久，二挂地久天长，三挂荣华富贵，四挂儿孙满堂，五挂五子登科，六挂双凤朝阳，七挂天上七姊妹，八挂神仙吕洞宾，九挂九龙归大海，十挂皇帝坐北京，十一十二挂得好，挂个珍珠配玛瑙。恭喜新郎，贺喜新郎，从今以后，好好孝敬爹和娘。

挂红 王良忠 摄

6. 这匹花红一丈二尺三，拿在新郎身上拴：左一拴，右一拴，十个儿子九个官，四个在云南，五个在四川，还有一个跑江湖，挣的银钱用撮箕撮。恭喜新郎，贺喜新郎，今晚过后，幸福日子万年长。

7. 这匹花红长又长，今天拿来挂新郎：一挂天长地久，二挂地久天长，三挂荣华富贵，四挂儿孙满堂，五挂五子登科，六挂六六大顺，七挂天上七姊妹，八挂神仙吕洞宾，九挂师傅打红伞，十挂圆圆又满满，十一十二挂得好，挂个夫妻同到老!

8. 手托红，端上来，万丈绫罗挂起来，这匹绫罗不多长，出在苏州大染行，红红绿绿都不染，染匹毛红挂新郎：一挂天上白鹤抖，二挂地上百草生，三挂金鸡打红伞，四挂绫罗往上翻，五挂五子登科，六挂六合来同春，七挂天上七姊妹，八挂神仙吕洞宾，九挂老龙归大海，十挂状元坐北京，十一十二挂得好，挂个夫妻同到老，十三十四挂得好，挂个珍珠配玛瑙，左边配的摇钱树，右边配的聚宝盆，聚宝盆摇钱树，早落黄金晚落银，早落黄金有四两，晚落白银有半斤，三天不扫堂前地，散金碎银堆起门槛脚。

9. 这匹花红一丈二尺长，出在苏州大染行，红红绿绿都不染，染匹毛红挂新郎：一挂天长地久，二挂地久天长，三挂荣华富贵，四挂儿孙满堂，五挂五子登科，六挂六合来同春，七挂天上七姊妹，八挂神仙吕洞宾，九挂老龙归大海，十挂状元坐北京，十一十二挂得好，挂个夫妻百年好。

10. 不提花红犹自可，提起花红有根生：对门有块黄坡地，架起牛来就犁地，三道犁头两道耙，正月二月撒籽花，五黄六月花发芽，十冬腊月花收起，收得十六两有一斤，纺花娘娘正操心，纺成纱，织成布，一织天上白鹤抖，二织地下百草生，三织娘娘蟠桃会，四织老龙做上生，五织五子登科走，六织六合来同春，七织天上七姊妹，八织神仙吕洞宾，九织老龙归大海，十织状元坐北京。

11. 这匹花红长又长，今晚拿来挂新郎，新郎一激动，鼻涕淌下一尺长，你把鼻涕揩干净，我拈块肉来给你尝，恭喜新郎，贺喜新郎，从今以后，夫妻恩爱，地久天长。

12. 说挂红，就挂红，身边挂起九条龙，左边挂的灵芝草，右边挂的好华荣。左挂左边搭齐腰，金子银子几十挑，右挂右边撮箕口，金子银子要过搂。

13. 这匹毛红宽又宽，拿到新人头上担，左一担，右一担，辈辈儿孙做高官。

14. 这匹花红好颜色，我们大家来做客，我们大家来请酒，劳烦大家来走走，我说也说不来，讲也讲不来，唯愿大伙拉着挂起来。

15. 这匹花红一丈三尺三，今晚拿的新人头上担，左一担，右一担，十个儿子九个官！

16. 一段红儿六尺多，一对凤凰来做窝，凤凰落在金宝地，千年媳妇万年婆，今晚我把红来挂，明日金鸡配凤凰，左挂一胎生双胞，右挂两个状元郎，红儿挂起就挂起，人兴财旺从今起。

17. 喜洋洋来笑洋洋，一步走进客厅堂。红烛高照放光芒，今晚氛围不一样。一段红绸闪金光，高高兴兴贺新郎。手拿红绸五尺长，双手拿来挂新郎。左挂一段登金榜，右挂一段出宰相。这段红绸五尺长，今晚拿来挂新郎：一挂挂在东，子辈儿孙坐朝中，二挂挂在南，子子孙孙点状元，三挂挂在西，子辈儿孙穿朝衣，四挂挂在北，子子孙孙了不得，五挂挂在中，子子孙孙出英雄。

18. 一进中堂喜洋洋，神灯蜡烛亮晃晃。照着新郎办喜事，儿子儿孙状元郎。这匹红儿不多长，出在苏州柳缎行。苏州出个好美女，织匹红儿挂新郎。一挂天长地久，二挂地久天长，三挂荣华富贵，四挂儿孙满堂，五挂五子登科，六挂双凤朝阳，七挂天上七姊妹，八挂神仙吕洞宾，九挂九龙归大海，十挂皇帝坐北京，十一十二挂得好，挂个珍珠配玛瑙，十三十四挂得长，挂个金鸡配凤凰，十五十六挂张斗，亲戚朋友来吃酒，十七十八挂丘田，亲戚朋友来划拳。

19. 这顶红帽圆又圆，两朵鲜花插帽檐。左边插的金花果，右边插的果团圆。金花果来果团圆，荣华富贵万万年。一件衣裳一件袍，新郎穿起好才貌。新郎新郎好才貌，脱掉蓝衫换紫袍。一条裤子两头通，新郎穿起好威风。一双袜子弯又弯，左手提来右手穿。左手穿起生贵子，右手穿起做高官。青布鞋来白布底，万丈高楼从地起。叫我上来我就上，红儿还在桌子上。丁字口来木梁斗，我把红儿拿在手。纽扣圆圆纽子牵，红儿挂上新郎官。金子发来银子发，双手拉来结疙瘩。黑漆桌子摆中堂，姐夫老表陪新郎。头上挂起四只角，开启美好新生活。底下挂起四只脚，幸福美满天天乐。

20. 这匹红儿不多宽，拿来新郎身上拴，自从今日拴过后，要出文武两重官，文官提笔封太平，武官拿枪定江山。这匹红儿不多长，出在苏州绸缎行，苏州有个巧女子，织布织锦昼夜忙，得知今日将红挂，挂个天仙配鸳鸯，才将红儿来织起，今日拿来挂新郎：一挂天长地久，二挂地久天长，三挂荣华万代，四挂富贵久长，五挂锦上添花，六挂天仙配鸳鸯，七挂贵儿高中举，八挂贵女进绣房，九挂九九成双对，十挂儿孙状元郎，十一十二一起挂，荣华富贵万年长。挂上红，再说红，新娘进家财意浓，勤俭持家把家兴，好比三国赵子龙，长坂坡前保阿斗，万马军中称英雄。

21.忙忙走来走忙忙，快步来到喜华堂，来到堂前望一望，鸾凤和鸣贴门上。堂内堂外喜洋洋，喜洋洋来闹洋洋，大红灯笼挂两旁，四方桌子摆中央。外甥今日当新郎，我拿银花戴新郎，手持银花插头冠，子孙后代做高官。手持红儿披身上，子孙后代生得旺，家发如同涨大水，人发犹如笋子生。

（八）新版挂红

1.手拿红来就说红，不偏不倚为之中，我把花红挂新郎，好比从前赵子龙，长坂坡前救阿斗，万马军中称英雄。这段红绫六尺长，今天拿来贺新郎，祝愿新郎登科早，风光打马入朝堂。这段红儿六尺长，如今拿来挂新郎，左缠三转生贵子，右缠三转状元郎，新郎红通天子金，手提红儿重千斤，今天打开此红拴，子子孙孙做高官，自从今日拴过后，代代子孙中状元！此红拴在新郎身，事业红火步步升，发财就从现在起，来年开上一大奔！

2.喜气腾腾闹喳喳，今晚挂红又拴花。左边拴个花结子，右边拴个结子花。花结子来结子花，明天新娘到你家。新郎新娘成婚配，来年生对胖娃娃。一个坐北京上海，一个坐广州长沙。花红挂起就挂起，五辈同堂住一家。

3.一段红儿六尺多，一对凤凰来做窝，凤凰落在金宝地，千年媳妇万年婆。今天我把红来挂，明天金鸡配凤凰，左挂一胎生两个，右挂两个状元郎。红儿挂起就挂起，人兴财发从今起，挂起红来又戴花，赛过当年姜子牙。红布挂左右，一朵金花挂胸前，明年生个双胞胎，考进北京大学院。男女称心合家团，男的当个司令官，女的当个秘书员，夫妻恩爱情意绵。百年好合似神仙，孝顺父母做标杆，永世长远传后代，男女老少笑开颜。

（九）闹花枝会

1.小小桌子四角札，桌上摆满糖果和葵花，老表不抓我来抓，嗑着葵花笑呵呵，明年生个胖娃娃！

2.小小桌子四角翘，中间摆的好东道（东西），老呢老少呢少，我吃东道（东西）你莫笑！一根红线拉又拉，明年生个胖娃娃！

（十）谢红

1.说谢红来就谢红，好比前朝赵子龙，长坂坡前保阿斗，万马丛中称英雄。一谢天恩与地恩，二谢爹娘养育恩，三谢家族情意重，四谢亲朋来费心，五谢团转来帮忙，六谢弟兄姐妹们，七谢夫妻要和睦，八谢百岁转年轻，九谢一胎生两个，十谢儿女坐北京。

2.双手退下一段红，新郎显得好威风，今日鲜花一对凤，祝贺新郎喜相逢。二段绸红退下来，新郎天子上登台，佳人佳期同应拜，喜看莲花并蒂开。一对金花放红光，退下金花喜洋洋，牛郎织女配成双，相亲相爱万年长。二退金花鲜又鲜，千里成双结良缘，移风易俗婚事办，夫妻恩爱到百年。

四、讨亲

会泽很多地方，按照当地习俗，迎亲队伍押礼到了娘家（女方家），讨亲进门的时候，娘家的亲戚朋友、表姊表妹等，会在门口拦着，要讲吉利、发红包才让进门迎亲。进门后，时兴讲吉利感谢岳父岳母，同时，女方家的亲戚朋友、表姊表妹等，也会在女方家给新姑爷（新郎）挂红，并讲吉利。

编者（右）与王刘巧（左）

（一）发烛

一对红烛亮堂堂，两盏明灯照两旁，

一照人丁发富贵，二照家庭保安康，

三照六畜多兴旺，四照五谷堆满仓，

五照鸳鸯结成对，六照鸾凤配成双，

七照老幼福禄寿，八照六亲常来往，

九照地久与天长，保佑良缘大吉昌！

会泽吉利

（二）拦门劝酒

今有良辰来结婚，亲朋好友来拦门，

忽然抬头向外看，人马纷纷到寒门，

不知贵宾来到此，手提酒壶把酒斟，

匆忙斟起杯中酒，以迎门外之贵宾，

桌上焚起三炷香，杯中斟满酒三巡：

一杯酒来慢慢斟，陪郎先生你且听，

跋山涉水来到此，此酒解渴称你心。

讨亲　王良忠　摄

二杯酒来慢慢斟，奉劝新郎和媒人，
两人今逢吉时到，略备薄酒礼来斟。
三杯酒来慢慢斟，相劝各位众高亲，
来有三杯上马酒，到此下马酒三巡，
杯杯酒相请，盏盏酒相迎，请喝！

（三）挡酒

先生敬酒不敢尝，请听我来说端详，
双手举起三杯酒，将酒敬在地坪上。
一杯酒敬给天地，天地无私多圣明，
二杯酒敬南极星，三杯酒敬拦门君。
迎接宾客理应当，我今到此未升堂，
何必大门摆一张，秋未到来不敢尝，
此话在此已圆过，让我进门大吉昌！

（四）押礼

押礼，指的是新人在结婚的时候，由押礼先生带着彩礼
到新娘家迎娶新娘的礼俗，在聘礼到达之后，押礼先生就要
对女方家说一些祝贺词，也就是吉利，用于烘托气氛，并化
解女方家的各种刁难，最终顺利迎娶新娘。

会泽吉利

1. 礼炮三声响，来到贵府上，看院外张灯结彩，望屋内金碧辉煌，个个眉飞色舞，人人喜气洋洋。时逢花好月圆夜，盼来珠联璧合影成双。值此良辰吉日，我受XX府的委托，准备了龙凤大礼，欲迎娶名媛淑女XX过门圆房，由于在下少读诗书，不知礼仪，倘若出言无状，有伤大雅的地方，敬请贵府的至亲高朋，海涵见谅。

2. 一言尊敬，贵府尊亲，昔日不嫌贫亲寒门，开了天高地厚之大恩，为了百年世义，结下万载珠陈，古言道：天子不嫌贫亲，海水不择细流，君子贤其贤而亲其亲。今日两家联姻，联成踩不断的铁板桥，结成弹不断的弓弦琴。愚弟带来些许薄礼，望尊亲笑纳，不周之处，还望多多海涵！

3. 首先要感谢XX的父母高堂，养育这么一个温柔贤淑知书达理、美若天仙的姑娘。是你们生她养她，爱她疼她，才有了她的长大成人，栽下了梧桐树，引来了金凤凰。新郎就是搬来金山银海，也难报答你们二老的养育之恩。今天XX府略备薄礼，敬请XX老泰山笑纳不要谦让。希望XX、XX两家爱亲开亲，常来常往，喜结秦晋之好，真正成为踩不断的铁板桥，情深愈久弥香。

4. 香蜡纸炮喜敬神，吃喝穿戴摆齐整。猪腿一只肉一块，招待亲属与贵宾。粑粑大小有两堆，圆圆满满来迎亲。

大的共有十六个，小的多得数不清。大红苹果三十六，又红又甜多幸福。爽口面条十六斤，顺顺利利皆欢心。糖果一盘共八斤，发财发富须同心。好酒八瓶请看真，敬了神灵敬众亲。衣裤鞋袜共两套，称心如意很不错。耳环项链与戒指，都是上等足金货。梳妆用品都备全，美好人生共百年。还有鸡鸭笼中对，亲家两姓同富贵。礼品样样都点到，喜神福神齐祝贺。

5.一张桌子四只角，摆着穿戴与吃喝，自从今晚摆过后，平安健康百年合。堂前摆礼有次序，两姓联姻天注定，自从今晚把礼敬，家业兴旺万事顺。吃喝穿戴摆满桌，兴家立业有把握，天地神灵笑呵呵，良缘结就幸福多。堂前摆了两张桌，礼兴丰富不用说，ＸＸ联姻从此后，安康快乐共白头。婆家拿来红礼信，摆在娘家神堂内，诚心诚意把神敬，良缘结就两富贵。

（五）挂红

1.（陪郎）太阳出来喜洋洋，东家请我做陪郎，我文要进门，武也要进门，我带着新郎迎新人！

2.（娘家）太阳出来喜洋洋，东家请你做陪郎，陪郎先生礼兴大，这匹花红要你挂！

3.（陪郎）太阳出来喜洋洋，东家请我做陪郎，陪郎先生责任大，这匹花红我来挂！

4.（娘家）红漆托盘绿牙口，端起托盘尾（跟）起走，陪郎先生礼兴丑，看你先出哪只手？

5.（陪郎）红漆托盘绿牙口，你端起托盘往前走，我陪郎先生没礼兴，扁的左手拿右手。

6.（陪郎）说挂红来就挂红，挂个常山赵子龙，左脚登金榜，右脚踩花堂，花是万年花，到老不分家！红是万年红，到老不受穷！

7.（陪郎）这匹花红宽又宽，正好挂给新郎倌，你头戴瓜皮帽，身穿青龙袍，脚蹬真金榜，幸福日子万年长！

8.娘家原红一丈二尺五，谢谢岳父和岳母，哥哥嫂嫂受奔忙，买匹原红挂新郎，这头扯起挂那头，挂个风吹燕子楼，婆家挂起撮箕口，娘家挂个狮子滚绣球！

9.这匹原红一丈二尺长，今天拿来挂新郎，初蓝白布他不染，染匹花红挂新郎：一挂天长地久，二挂地久天长，三挂荣华富贵，四挂儿孙满堂，五挂五子登科走，六挂六位高要升，七挂天上七姊妹，八挂神仙吕洞宾，九挂老龙归大海，十挂状元转回城，十一十二挂得好，挂个珍珠配玛瑙，玛瑙珍珠配得好，百年夫妻同到老！

10. 这匹原红长又长，今天拿来挂新郎，左边是金鸡，右边是凤凰！恭喜新郎，贺喜新郎，从今以后，幸福日子万年长！从今以后，好好孝敬爹和娘！

11. 这匹原红一丈三，拿到新郎头上担，左一担，右一担，子辈儿孙做高官：大哥做云南，二哥做四川，三哥做福建，兄弟做东川，大姐上海市，二姐在功山，感谢各位众亲戚，喝酒来到王家湾！

12. 这匹原红花又花，娘家拿了挂婆家，匹匹是缎子，件件是络纱，三十六匹红缎子，四十六朵牡丹花，有名山上出才子，生个儿子状元娃！

13. 这匹原红花又花，娘家拿了挂婆家，右脚踢花红，到老不受穷，花是万年花，到老不分家，头也红，尾也红，七八十岁仍英雄！

14. 小小花红齐又齐，挂起花红有利益。今日来把花红挂，说稀奇来真稀奇。这匹花红挂新郎，三十晚上来挂起，挂得全家喜洋洋，二人喝下交杯酒，好个金鸡配凤凰。

15. 小小花红不多长，苏州拉到柳州行，苏州拉的长绒衣，柳州拉的罩绒裳，长绒衣，罩绒裳，这匹花红挂新郎，左挂左边挞齐腰，谁来也要挑；右挂右边撮箕口，谁来也要搂，搂得三十四个大元宝，穿不掉，打个金镶银镶做枕头。

16.绣球结得高又高，银子接得几十挑。绣球结得矮又矮，银子接得几十块。不管结得高和矮，挂起花红好事来，万事如意大发财。

（六）结婚梳头

1.一梳梳到头，吃不愁来穿不愁，二梳梳两边，一生一世把手牵，梳左又梳右，夫妻恩爱到白头，梳右又梳左，日子过得更红火，梳好红绳扎，大富大贵又荣华，梳头梳已毕，一生一世不分离！

2.金梳银梳来梳头，梳个狮子滚绣球，绣球滚在新娘头，夫妻恩爱到白头！一梳人才都两顺，二梳白头同到老，三梳步步来高升，前梳金来后梳银，中间梳了得康宁，上下梳了出贵人！

（七）敬新郎酒

1.脚站贵地笑呵呵，手持金盘敬新科，新郎吃了这喜酒，子孙后代状元多，牛郎织女遇天河，桃园结义遇诸葛，千言万语不多说，做事还要人相合，新郎不吃这喜酒，可能是你把心多。

2.苏州请来巧匠人，造下金光一玉瓶，瓶中装下玉美酒，杯杯斟出可爱人。一杯拿来待宾客，一杯拿来敬四邻，还有一杯无用处，我今拿来敬新人。我敬新郎一杯酒，创造发明当能手，我敬新郎二杯酒，儿子儿孙封诸侯，三杯喜酒喝完整，儿子儿孙出贵人。

3. 桌子上面一个瓶，不是金来不是银，它是祖国一片土，巧手匠人做成瓶。上面打的菠萝盖，下面做的凤凰身，左边打的金狮子，右边做的玉麒麟。前面打的鹦鹉嘴，后面做的燕尾行，瓶中装的是好酒，拿来堂前敬新人。一敬祖宗三代神，二敬过往有神灵，三敬各位朋友们，四敬八方过路人，五敬三亲六戚们，六敬父母长辈人，七敬兄弟姐妹们，八敬同胞一条心，九敬家门九族人，十敬帮忙团转人。

（八）发亲说辞

1. 女方迎娶亲队伍说

迎亲队伍到眼前，支客师博笑开言，

女方父母喜相迎，金银财宝滚进门，

敬请贵客快进门，两家从此一家人，

敬请贵客进福堂，从此亲家两辉煌。

会泽吉利

2.男方接亲说

喜盈盈来笑盈盈，今日初到贵府门，

久知贵府好姻亲，五湖四海都出名，

今日不为别一等，千里到此接新人，

倘有某些不周到，望其宽容多开恩。

3.女方发亲时说

来宾说完我接手，闲话少说听从头，

本想留客要要够，及早发亲主不留，

奉请各位慢慢走，招待不好礼不周，

路途当中好好走，早回家门喝喜酒。

4.女方发嫁妆

手拿红单亮堂堂，各位亲友莫闹嚷，

帮忙接物听我讲，几件事情说端详。

一来莫怕稀泥浆，二来莫怕晒太阳，

三来不怕风飘扬，四来不怕旅途长，

东东西西放稳当，上坡下坡心莫慌，

搬上搬下要轻放，齐心协力爱嫁妆。

5.男方接亲

满堂宾客哈哈笑，辞别贵府要走了，

清早到此来呼闹，惊动主家把心掏，

九盘十碗办得好，珍珠海味摆满掉，

今日特来把喜报，步步高升坐皇朝。

6.发亲媒人说

各位来宾请坐下，现在少说四言八，

眼看时间不早啦，早请贵府把亲发，

倘若说错口才差，原谅莫把辫子拿，

发亲大事趁吉时，吉时一到就出发。

7.发亲女方说

贵客发言刚完毕，愚下还要接几句，

主家女儿过喜事，惊动各位费尽力，

千里遥远来到此，辛苦劳累未休息，

主家实在对不起，多多原谅莫介意，

谢谢各位早回去，步步高升穿朝衣。

8.男方谢迎亲队伍说

帮忙好角色，认真又负责，

嫁妆概不缺，双方都感谢，

轻轻把物接，完毕把气歇，

感谢再感谢，东西搬进去。

会泽吉利

（九）迎亲启程

1.小小簪花喜摇摇，文武百官都来瞧，一走今早瞧过后，万年登科转回朝！

2.日头出来喜洋洋，官家小姐出绣房，金盆打水来洗脸，银盆打水来梳妆，金扁担，抬龙箱，银扁担，抬嫁妆，抬着十字街头转，娘家的脸面，婆家的嫁妆。

3.眼望马蹄起，四角插红旗，炮响三声人就知，人人说我神仙过，实际舍下弟兄讨媳妇，远望见一车，还有四五车，车来车当柱，马来系金鞍。

（十）迎亲下轿

1.嫂子（弟媳）下地，大吉大利！哥哥（弟弟）牵手，幸福如意！

2.喜落地，白喷纱，到配打碗碗开花。新媳妇，在娘家，富娘家，在婆家，富婆家，娘家对婆家，两来都不差，时无忌，百无忌，姜太公在此，众神回避。

（十一）迎亲进门

按照会泽的地方习俗，迎亲回来下车或下轿后，把新娘背到大门口，拿个凳子让新娘站在上面，由长辈拿一炷清香，

迎亲　王良忠　摄

左绕三转，右绕三转，边绕边讲吉利边打粗炭。

1.小小桌子四角方，新人抱上鲁班桩，桌脚本是黄炎木，桌面本是紫檀香。黄炎木，紫檀香，大姑娘，王母娘娘；二姑娘，金花小姐；三姑娘，三只大皮箱；好比原配十香，好比原配娑罗。娘家配婆家，两来也不差，件件穿缎子，还得配络纱。

2.进门望见公，银子数不通。进门望见婆，银子几大箩。进门望见郎，九十九座大瓦房。前面三路是书房，后面三路装细粮，左边关猪鸡，右边关牛羊。

3.左转右转，姑娘儿子一样生一半！粗炭打呢好，下年

会泽吉利

生个胖宝宝！粗炭打呢好，百年夫妻同到老！

4.青松毛吊吊长，新人来到贵地方，新人到，喊住轿，一炷清香团转绕，左绕三转生贵子，右绕三转状元到！新人进门脸向怀，婶婶大妈接进来，新人上楼梯，全靠众亲戚，莫看新人不讲话，各位亲朋请坐下。

进门　王良忠　摄

5.今天新娘来到家，七星高照幸福花，启禀老少众亲戚，在座贤才已聚齐，人生忠孝慈为本，水浒才许起源根，自从盘古开天地，不易八卦阴阳分，三皇五帝人上品，依据更辰定乾坤，金龟老道为媒证，世上男女巧配成，今日我来把酒斟，发财发福万万春。

（十二）迎亲跨火盆

会泽很多地方，按照地方习俗，迎亲进门后，放一个火盆，火盆里面笼一个很旺的炭火（寓意今后的日子红红火火），让新人从火盆上跨过去，然后边跨边讲吉利。

新人（嫂子、弟媳）跨火盆，幸福日子跟进门！

亲朋（哥哥、弟弟）来相迎，红红火火一生人！

（十三）迎亲进中堂

一进大门到中堂，闻听中堂闹嚷嚷。家闹五凤楼，美女抛绣球。娘家对婆家，两来也不差。父亲操心大，母亲挂新人，哥哥嫂嫂受奔波，兄弟姊妹受奔忙。提壶斟酒，孝顺爹娘！

（十四）端洗脸水

1.金盆装水圆又圆，内装鲤鱼和清泉，新媳洗手又洗脸，相亲相爱到百年。

2.金盆打水圆又圆，双喜帕子遮盆沿，今日新娘来得远，怕在这里受风寒，走的下坡脚又软，走的上坡脚又酸，我请新娘洗个脸，子子孙孙点状元！

（十五）叩头拜堂

按照会泽地方习俗，新媳妇讨回来后，当晚要举行拜堂仪式，一般由主持人主持仪式，边拜边讲一些吉利话。主持人开场一：各位来宾请雅静，今天我要说分明，天上无云不下雨，地上无媒不成亲，鹊桥一座已搭好，银河天上渡双星，相亲相爱敬如宾，天长地久百年春！主持人开场二：新郎新娘美貌堂堂，端茶送水孝敬爹娘，男子十五身坐书房，手提玉笔作写文章，女子十五送进绣房，手拿花针绣起鸳鸯，鸳鸯成对凤凰成双，成双成对双凤朝阳！

1.小小竹子绿莹莹，东家砍来做蜡心，裹上灯草淋上油，燃着火，点着灯，一屋照得亮铮铮。洞房牵出美新娘，左边跪下沉香女，右边跪下状元郎，沉香女状元郎，新人双双来拜堂：一拜天地赐姻缘，千里相会得成双；二拜高堂养育恩，身体健康幸福长！亲戚六间拜完了，转过脸来拜你郎：一拜夫妻同甘苦，二拜幸福万年长，新人双双进新房。

2.小小紫竹绿莹莹，将的砍来做蜡心，点着灯，发着蜡，一屋照得亮铮铮。上头照齐琉璃瓦，下头罩齐紫金堂，琉璃瓦紫金堂，今晚新人来拜堂。龙凤之珠照得明，上照堂前登科圆，登科二人拜师全，一走今晚拜过后，夫妻团圆万万年！

3.堂前老少仔细听，我手拿帖子把客请，喊得不周，不要见羞，喊得不到，不要见笑。

自从盘古开天地，三皇五帝镇乾坤，神农炎帝治五谷，轩辕黄帝制衣襟，周公先生制六礼，伏羲姊妹赐人伦。今朝吉日吉时辰，洞房花烛配良缘，新事新婚新挚友，婚姻置办

拜堂　王良忠　摄

会泽吉利

不回头。亲戚朋友来贺喜，大家都要听的起，良缘结义新夫妇，请在堂前下个礼。该受礼的听的起，不要在外面躲藏起，拖拖扯扯不讲礼，今天本是来送财，别的闲话就不来，来不来你自己安排。大登科是金榜题名，小登科是洞房花烛，花果团圆，人亦圆是财亦圆，新郎新娘到堂前。一拜天地！二拜高堂！叫声爸，请你快把大红包拿。叫声妈，请你把红包发给他。看谁叫得亲，父母都要发奖金，看谁叫得甜，父母还要拿发财钱。夫妻对拜！一鞠躬，一生一世永相伴！二鞠躬，谁先抬头谁煮饭！三鞠躬，谁先抬头谁管钱，幸福生活

吹鼓手　王良忠　摄

如蜜甜！鸳鸯配成对，富贵今日起，荣华万万年！夫妻牵手，送入洞房。

4.各位亲朋仔细听，我手拿书帖把客请，君子行其行，众亲听我言，贫亲乐其乐，众亲听我说，贫亲多在山中，少在书房，诗书未读好，礼仪未学到，言迟口顿，喊得不周，不要见羞，喊得不到，不要讥笑。

今逢天长地久地久天长，高楼万丈从地起，水有源头树有根，突然一阵狂风起，高山吹到平地行，海内结伴为珠陈，乌云揭开见青天，太阳出来喜洋洋，新郎新娘来拜堂，上面照起龙凤烛，堂前站对好鸳鸯：一拜天，天长地久；二拜地，地久天长；三拜高堂作证明；四拜父母养育恩；五拜夫妻同心同到老；六拜鸳鸯配成双；七拜天上七姊妹；八拜八仙过海来；九拜九子登金榜；十拜金玉满堂红；十一拜国泰又民安；十二拜月月红花四季香。自从今日拜过后，同福同寿万年长。

朝廷以国事为大，民间以喜事为尊，世间以天地为大，堂前以父母为尊。还有公婆在上，要请多多原谅，在婚礼堂中，不管有礼无礼，要从父母大人先喊起。父母大人养儿抚女，操心操劳，费尽千辛万苦。大登科是金榜题名，小登科是洞房花烛，今天是你的贵子洞房花烛之时，为了感谢父母的养育之恩，请父母大人堂前受礼。

5.东边一朵紫云开，西边一朵紫云来，两朵紫云并一起，一对新人拜堂来，金龙彩凤配佳偶，明珠碧玉结良缘，郎有才来女有貌，郎才女貌配成双，夫妻恩爱到白头，早生贵子跃龙门，良辰吉时已到，拜堂啦：一拜天地，二拜高堂，夫妻对拜，送入洞房！

（十六）送入洞房

1.新郎新娘入洞房，洞房摆起双人床，垫单鸳鸯在戏水，被子龙凤又呈祥；鸾凤和鸣一对枕，来年生对状元郎，恩恩爱爱情意长，再生一对美娇娘。

2.嫂子进房，喜气洋洋，红包拿来，龙凤呈祥！嫂子进房，幸福吉祥，红包拿来，地久天长！

3.新人进房，富贵吉祥！新人进房，儿孙满堂！蚊帐挂得高，新媳妇明年就生双胞！

4.一进新屋桂花香，棉花被窝毛呢装，二人喝下交杯酒，好男好女配成双！

5.一进新人房，美女配新郎，好儿有五个，好女有一双：大相公，朝天知府；二相公，文武双全；三相公，知书达理；四相公，状元高中；五相公，在家中，当个老财主，金子涨五斗，银子涨五升；大姑娘，金花小姐；二姑娘，王母娘娘！

五、闹洞房

按照过去会泽的地方习俗，新人送入洞房后，亲戚朋友吃完晚宴，平班等辈的亲朋好友，便开始进新房去，闹洞房，讲吉利，直闹到三更半夜才散场。

1.花毯青席，四角放齐，新郎新媳，包你如意。新婚之夜，快乐无疆，白发到老，山高水长。今宵闹房，事事吉祥，孝敬公婆，莫忘爹娘。闹房闹房，一对鸳鸯，先生儿子，后生姑娘。新郎新娘，两情最长，眉来眼去，有点名堂。今宵洞房，大有文章，二龙戏水，丹凤朝阳。

2.一杯美酒一堂庆，好比刘备请孔明，今夜欢乐喜酒饮，银河天上渡双星。二杯美酒点魁首，好比山伯去访友，饮过新郎新婚酒，同甘共苦到白头。三杯美酒三桃园，海枯石烂心不变，新郎喜酒香又甜，佳男淑女结良缘。

3.一进洞房喜气洋，新娘今日见新郎，自由婚姻红罗帐，夫妻恩爱万年长。三更时候听炮响，五更鸡叫进灶房，明年生子胖又胖，开花结果靠新娘。

4.一进洞房心喜欢，象骨牙床新被单，新娘新郎来同眠，学个蝴蝶戏牡丹。

5.一步跨进洞房门，嘻哈打笑搞不赢，听我来把新娘问，姓甚名谁何方人？如果说得不灵醒，不吃喜糖整不成；如果说得不太准，今晚洞房睡不成。

6.一进洞房就请坐，四言八句不会说，祝你一胎生双子，早生贵子早入学。今年洞房花烛夜，来年生个胖娃娃，新郎新来件件新，生个贵子中翰林。

7.远望洞房一座城，近望洞房府衙门，今晚我们闹洞房，新娘快来开房门。月亮出来弯又弯，星星出来闪又闪，新郎娶回朵鲜花，今夜就有蜜蜂采。

闹房　王良忠　摄

8.一个盘子花又花,里面装的是葵花,大家都来抓一把,明年生个胖娃娃。小小筷子长又长,养个儿子状元郎,小小筷子圆又方,养儿胜过他爹娘。

9.今晚先闹新人房,夫妻地久与天长,接连生上两贵子,文武将相天下扬。新娘头发长又长,养个儿子上学堂,新娘脸盘圆又圆,儿子长大中状元。

10.新郎好似天上龙,新娘好似花一丛,哥不翻身不下雨,雨不浇花花不红。小小酒杯圆又圆,新娘新郎来团圆,喝下这杯同心酒,夫妻白头一万年!

11.新郎笑哈哈,想要做爸爸,新娘羞答答,想要做妈妈;新郎和新娘,好一对鸳鸯,早早生贵子,儿孙跑满堂。

12.细瓷茶盅一朵花,他爱你来你爱他,夫妻两个齐努力,明年得个胖娃娃。新娘脸上一点红,夫妻今夜喜相逢,不到天明不睡觉,插秧播种怕误工。

13.一进新人房,箱子柜子亮堂堂,三亲六戚站两旁,中间让路要喜糖,不吃新郎三杯酒,要吃新娘三颗糖,吃了喜糖喜上喜,祝你早生儿和女,贵男闺女又听话,一个考清华,一个考北大!

14.(闹房人)我一进新人房,箱子柜子摆两行,不吃哥哥酒,要吃嫂子糖,哥哥来开柜,嫂嫂来拿糖。(新人)兄弟进新房，箱子柜子摆两廊，哥哥来开柜，嫂嫂来拿糖，拿了嫂嫂糖，赶快出新房。

15.（闹房人）我一进新人房，箱子柜子摆两行，不吃哥哥酒，要吃嫂子糖，嫂嫂不给糖，就把嫂嫂推出房。（新人）兄弟进新房，箱子柜子摆两旁，哥哥去拿酒，嫂嫂去拿糖，糖一颗来酒一杯，拿着快出房。

16.（闹房人）我进了新人房，箱子柜子摆两行，没有两瓶酒，没有三捧糖，你拿棍子撵，我也不出房。（新人）兄弟进新房，耍赖柜子旁，哥哥再拿酒，嫂嫂再拿糖，小酒喝够掉，拿糖快出房。

17.（闹房人）我一进新人房，箱子柜子摆两旁，不吃兄弟酒，要吃弟媳糖，弟媳不给糖，不准进洞房。（新人）伯伯进房，攮倒后墙，吃酒去桌上，吃糖去厢房，不要牛不知角弯，马不知脸长。

18.来到新人房，祝福新郎和新娘，花样百出玩花样，这头爬到那一头，玩个狮子滚绣球，鸳鸯戏水鱼水欢，恩爱相合永长久！

六、迎亲回车马

（一）

日吉时良，天地开张，新人到此，车马回乡，道香得香，灵保回乡；一张桌子四角方，张郎造起鲁班装，四边雕起云牙板，中间焚起一炉香，桌子上面一个瓶，不是金来不是银，里面装的是何物，杜康造下酒一瓶，别人拿来无用处，我今来敬车马神，娘家车马请回去，婆家车马出来迎；急请六令，急请南斗六星，北斗七星，太上老君，急急如律令，急请天无忌，地无忌，年无忌，月无忌，日无忌，时无忌。姜太公在此，诸神回避，大吉大利！

（二）

一把马料撒虚空，来时有影去无踪，来时有影诸纱在，去时无影主人宗，队伍排成车马形，车马头上插红旗，炮响三声人尽知。人人都说神仙过，却是本府婆亲回，车来车将去，马来御金鞍，今日来到此，正得是时候，开天辟地论纲常，惟有婚姻最久长。良辰吉时，迎接车马到教场，日吉时良，天地开张，新人在此，车马回乡，一张桌子四个方，张郎设起鲁班装，四方刻起云牙板，中间焚起一炉香，道香得香，车马还乡，香通三界，遍满十方，钱纸灰飞白如银，蔡伦造纸到如今，当初蔡伦会造纸，巧手邓通会造钱，去时打个半边月，转来十五月团圆，又来中间抽心打，打个中华在中间，此钱造来有何用？拿来回送车马神，司主手拿一个瓶，不是金来不是银，上面打起菠萝盖，下面打的凤凰身，左边打的鹦哥嘴，右边打起燕尾形，里面装的是何物？装的琼瑶酒一瓶，此酒拿来有何用？用来回敬车马神，一敬车前童子，二敬车后郎君，三敬五方谒帝，四敬八面诸神，酒酌一巡，二巡、三巡，三巡已毕礼不重斟，男神回上马，女神回上车，天煞归天界，地煞入幽冥，娘家香火请回去，婆家香火出来迎，在娘家是千年富贵，在婆家是万代兴隆，天无忌，地无忌，年无忌，月无忌，日无忌，时无忌，姜太公在此，诸神回避，回过车马以后，百事顺遂，大吉大利！

七、送亲回程说词

（一）女方送亲客说

席上佳肴真不错，赛过周围几条河，
厨房师傅会掌火，各种花样摆得多，
说的不好莫见怪，口齿愚钝少才学，

想得到来口难说，招待周到没得说。

（二）公公说

贵亲放心去，全家讲和气，

贵亲说的事，句句都有理，

招待不周处，请你多谅解，

我们不忘记，真心感谢你。

（三）女方娘家说

贵亲二老你且听，我家姑娘还年轻，

你的儿子是亲生，媳妇接来是外人，

手心手背肉一样，还望二老莫偏心，

贵亲还是大量人，几句闲言来告禀，

辞别贵亲转回程，我们一家也放心。

（四）婆婆说

贵亲把话交代够，时时刻刻记心头，

两家合好情义厚，要学桃园关张刘，

今后往来更长久，情长路长八百秋，

贵客今天要回去，愚下难舍也难留，

会泽吉利

希望你们回家后，今年修个冲天楼。

（五）女方送亲客说

贵亲二老听端详，愚下言语太鲁莽，
媳妇有时脾气犟，早晚孝敬不到堂，
山大能够把鸟养，水深能够把鱼藏，
二老温良要谦让，恩宽待人慈心肠，
教育儿女有良方，百年树人美名扬，
今日辞别回家乡，今后有事再商量。

（六）哥哥说

贵亲交代好得很，句句说的都领情，
父慈子孝要得紧，儿子媳妇一家人，
人人都是父母生，哪个女儿不出门，
交代事情牢记住，贵亲安心往家行。

（七）新郎说

小弟上前把话说，承蒙女方多照顾，
你们今日返原郡，双方事情交代稳，
今后我俩行孝敬，子牙行孝官一品，

双方大人百岁整，百年恩爱同床枕，

不学世美坏良心，要学山伯送书信，

结婚以后勤发奋，相亲相爱不离分。

（八）新娘送长辈说

双方长辈听原因，多为婚事来操心，

安安心心转家庭，我们牢牢记在心，

早晚二时敬双亲，王祥为母卧寒冰，

大树脚下好遮阴，张公百忍胜孔明，

我也不学那朱成，要学姜女哭长城，

夫妻和好又合心，齐心合力万事兴。

八、谢媒

（一）

做媒的来做媒的，自从盘古开天地，伏羲氏教以嫁娶，三皇氏制定乾坤，周公制下是周礼，才请媒人说夫妻，今日帮忙冒风雨，步搭天桥如苏秦，迎来今日大喜事，主人家有点谢意，一不是貂皮大衣，二也不是华大呢，只是一件粗布衣，长短又怕不整齐，不知如意不如意，穿上遮挡风和雨，多谢多谢再多谢，请你千万莫嫌弃！

（二）

世间礼仪孝为先，董永感动七仙女，七妹下凡配成婚，自古流传到如今，天上无云不下雨，地上无媒不成婚，世间只有父母亲，婚姻大事靠媒人，一言启禀说一声，月老大人听原因，三回九转您辛苦，劳苦功高果有名，提合为亲成人美，穿针引线费尽心，提媒之时许得大，今天花开果圆时，我代表东家感谢你，请到堂前受礼！

（三）

各位来宾你且听，细听在下说分明，天上无云不下雨，地上无媒不成亲，这次奉了主人令，叫我告席谢媒恩，梁祝结拜柳荫正，柳荫大树做媒人，如今媒人跑了路，谢你两套好衣身，媒人去来把坡爬，谢你两双好鞋袜，媒人去来两边说，谢你一个猪脑壳，媒人去来就要走，谢你四瓶香花酒，谢媒做得不周正，特请媒人多谅情。

九、回门

结婚回门，是很多地方的传统婚俗，是指女子出嫁后首次回娘家探亲。会泽大多数地方回门，都是新婚夫妇在新婚的第三天后回岳父岳母家，对于新娘来说，则是初为人妇后，首次回到自己的娘家，所以格外重视，很多都会讲一些吉利进行祝福。

（一）

吉吉良良，天地开张，新人到此，雷豹回乡。回乡得乡，车马返回去，娘家车马出来迎。五谷撒一撒，新人抱下马，五谷撩一撩，新人抱下轿。

（二）

小小桌子四角齐，说起正月种棉花，正月二月棉花种，三月四月棉发芽，五月六月剪棉花，棉花剪得十六两有一斤，王母娘娘受操心，四角捡起四角高，王母娘娘把手招：一指天上月牙月，二指地下百草生，三指三元着重，四指四季发财，五指五子登科，六指六位高升，七指天上七姊妹，八指神仙吕洞宾，九指老龙归大海，十指状元坐北京，十一十二

指得好，指个珍珠配玛瑙，左边像珍珠，右边像玛瑙，指个
百年夫妻同到老。

（三）

石榴开花叶儿黄，娘教女，女学娘，姑娘今年二十岁，
学的本事万事行：一来学得尊老爱幼第一场；二来出门又稳
当；三来学得办事不慌张；四来学得裁剪缝衣裳，缝的衣裳
又合身，订的钮子双对双；五来学得做出饭来满口香，公公
吃得又美口，婆婆吃得喷喷香。谢谢新郎的岳父和岳母，教
出一个聪明伶俐的美姑娘！

部分吉利讲述者　张桃定（左）与刘关玉（右）

白喜事吉利

孝堂　王良忠　摄

会泽吉利

生老病死，是人类不可抗拒的自然规律。老人仙逝，操办丧事，会泽俗称："白喜事"。死者为尊，丧葬习俗极其庄重。操办丧事的全过程，传承着中华民族的孝道。在收集整理白喜事吉利的过程中，遇到很多老人，他们都讲："过去，在办理整个白喜事的过程中，很多环节都兴讲吉利，尤其出殡的头天晚上，除了念经之外，更为热闹的是讲吉利、对山歌、哭亡灵和敲锣打鼓等，甚至有的还要组织送葬舞，作为白事讲的吉利，自己过去也讲过，很多年没讲，年龄也大了，记性也不好了，现在基本记不得了"。近些年，农村老人去世，从入殓、哭灵、出殡、下葬到立碑等各个环节，基本讲的吉利都由阴阳先生念经代替了。如今，随着社会变迁，丧葬习俗逐步简化，土葬变成了火葬，讲白喜事的吉利话基本绝迹，很难收集到，但作为一种文化，如果缺少或失传，那就非常遗憾。所以，通过多方努力，数十次走访，七拼八凑，留下了这几个白事吉利。

一、入殓

头枕山，脚登库，后世儿孙代代富；

上盖金，下铺银，儿孙能抱聚宝盆；

身左身右装籽花，后世儿孙能发家；

安安心心驾鹤去，保佑儿孙都成器！

二、上供品

ＸＸ大人驾鹤西，仙游还得饱腹去，

献上供菜请您尝，吃饱喝足味怎样？

献上一盘乌骨鸡，天堂日子也吉利，

再献一碗红烧肉，日子红火好享受，

供上一盘火烤鸭，张张钱币随您花，

再供一盆酸菜鱼，儿孙日子有富余，

水果干果都摆齐，香蕉苹果大鸭梨，

核桃花生大红枣，让您一次吃个饱，

保佑我们日子好，家里来钱更多了，

事业成功家和谐，再供美酒和佳肴。

三、唢呐进场

唢呐进场，白布上扬，全场哭得泪成行！供品呈上，香火点亮，最后一面要见上！面对逝者，心痛难忍，只有拿哭

吹唢呐　张文荣　摄

吹唢呐　张文荣　摄

来泄情！说走就走，丢下我们，您怎么会那么狠心！生不留名，死不留声，默默养育几代人！含辛茹苦，辛劳一生，愿您踏入天堂门，做仙也别去做人！

四、唱孝歌

（一）拜高堂

我一进呢门来呀拜高堂呀，拜拜高堂呀有几行呀，一来拜拜升天呢那个父呀，二来拜拜呢孝家呀呢堂，三来拜拜呀呢老先生呀，四来拜拜香蜡呢灯，五来拜拜呢鼓手匠来个呀，六来拜拜呢跳舞呀呢人，七来拜拜呀贤兄弟呀，八来拜拜呢乡邻呀人，九来拜拜呢众六亲来个呀，十来拜拜呢满堂呀呢人。

我一进呢门来呀拜高堂呀，拜拜高堂呀十二呀呢行：一拜亡人升天了来个呀，二拜呢孝家出贵呀呢人，三拜呢先生呀呢有名气们，四拜呢灯蜡照得呀呢明，五拜呢鼓手吹得好来个呀，六拜呢跳舞有几呀呢声，七拜呢贤兄呀呢没吵闹么，八呀拜呢帮忙呀呢人，九拜呢六亲来得远来个呀，十拜呢东家出名呀呢人，十一十二呀呢无名呢拜，句句呢拜在呢东家呢诚。只要亡人呢发出去来个呀，腾开呢房屋么堆金呀呢人。金银呢堆起呀门槛呢脚么，子孙拿了克（去）买省呀呢城，北京上海么都要买了个呀，东家必定要出贵呀呢人！

雷顺所　口述

（二）封赠孝家

说吉利，讲吉利，师傅不讲等徒弟，徒弟上前讲两句，师傅莫多意！

天上黄金掉下来，地下白银升起来，明天老人要出门，腾开堂屋堆金银，金银堆齐门槛脚，子孙拿了买省城，北京上海都要买，东家必定出贵人！

左边有库真金子，右边有库雪花银，一楼堆不下，二楼堆满掉，早落黄金有四两，晚落白银有半斤，三天不扫堂前地，散金碎银堆齐门槛脚！

明早老人要上山，大地攒在凤凰山，只要向直打好掉，后辈子孙做高官！大儿子做云南，二儿子做四川，孙男孙女

编者与雷顺喜（左）

读大学，毕业以后做大官！

雷顺喜　口述

（三）孝家有个好母亲

亲朋们来亲朋们，孝家有个好母亲，母亲养儿不容易，前心抱了换后心！

亲朋们来亲朋们，孝家有个好母亲，养儿就像包文拯，养女就像穆桂英！

亲朋们来亲朋们，孝家有个好母亲，母亲好处说不完，母亲恩情比海深！

今晚跨了孝家门，孝家有个好母亲，母亲望儿快长大，讨个媳妇抱孙孙！

今晚跨了孝家门，孝家有个好母亲，母亲望儿当老板，苦来钱文数不清！

今晚跨了孝家门，孝家有个好母亲，她的儿女很孝顺，母亲生前很开心！

雷顺喜　口述

（四）送娘亲

妈呀，金童玉女带您上天堂，您慢慢走来慢慢行，找着好处您安身，找着丑处您花钱！您在天堂保福保佑，大儿小女一帆风顺，发财长旺保福保佑，孙男孙女读北大读清华，毕业以后不在地方在中央！您在天堂逍遥快乐，一路好走！

雷顺喜　口述

（五）一对白鹤

鸡要叫来天要明，明天老人上天庭，差官大爷来拦路，随便给他几十文！

一对白鹤飞过江，嘴里衔着三炷香，有人问您克（去）哪点，老人转世来报丧！

一对白鹤飞过河，嘴里衔着双扇落，有人问您克（去）哪点，老人转世做功课！

一对白鹤飞过岩，嘴里衔着孝布来，有人问您克（去）哪点，老人转世送孝来！

雷顺喜　口述

（六）老人转世冒忙抬

老人转世冒忙抬，要等后家赶拢来，要等后家赶拢掉，吹吹打打抬去埋！

老人转世冒忙抬，要等姑娘赶拢来，要等姑娘赶拢掉，掩好钉子才好埋！

老人转世冒忙抬，要等东家拿烟来，要等东家烟拿拢，村乡才有好安排！

老人转世冒忙抬，要等亲朋赶拢来，要等亲朋赶拢掉，难为乡上抬去埋！

老人转世冒忙抬，要等先生撵地来，撵在龙头得官做，撵在龙尾出秀才，龙头龙尾都撵拢，文官武官一起来！

雷顺喜　口述

（七）十二月哭娘亲

亲朋们来亲朋们，听我今晚哭两声，老呢听了会流泪，小呢听了会痛心！我进了孝堂泪汪汪，见着我娘蹲中堂，上前一步烧份纸，退后一步上炷香！

亲朋们来亲朋们，听我讲讲娘一生，听我讲讲娘苦处，十磨九难过一生！我娘在世是好人，不会得罪哪样人，不会得罪哪一个，瞎眼阎王拴错人！

正月里来正月正，家家户户贴门神，好事有我亲娘在，一家过得很开心！

二月里来二月间，小儿做活做到晚，回来看见娘画像，脚又麻来手又酸!

三月里来桃花红,为儿为女娘受穷,有儿有女穷不久,无儿无女久久穷!

四月里来栽早秧,家家户户都在忙,我秧把拖在田埂上,想起我娘哭一场!

五月里来是端阳,我面包做了一大筐,早上还在吃包子,晚吃糖来娘就亡!

六月里来六月六,家家户户在薅谷,好事有我亲娘在,手拿火把照谷树!

七月里来七月间,不见我娘出来玩,人家爹娘出来耍,我家爹娘去瞧山!

八月里来八月间,我买来月饼献老天,月饼端在院窝上,我想起我娘心就烦!

九月里来九月九,当今社会有烦忧,好事有我亲娘在,这个家屋娘看守!

十月里来十月朝,手拿纸钱坟上烧,好事有我亲娘在,带着小儿插坟标!

冬月里来冬至冬,开开大门刮烈风,走出走进不见娘,这个家屋冷空空!

腊月里来一年完,家家户户忙过年,好事有我亲娘在么,

会泽吉利

一家过个团圆年！

（八）十炷清香

一炷清香送一里么妈呀，一盏明灯么妈妈呀，照着您呀陪伴您呀一帆风顺的妈呀！今天妈妈要出门么妈呀，满堂儿女么妈妈呀，哭断肠呀泪涟涟呀我的那好人妈呀！

二炷清香送二里么妈呀，二盏明灯么妈妈呀，照着您呀照着您呀二龙腾飞的妈呀！今天把您送出门么妈呀，要想见你么妈妈呀，万不能呀万不能呀我的那好人妈呀！

三炷清香送三里么妈呀，三盏明灯么妈妈呀，照着您呀慢慢行呀我滴呐好人妈呀！满堂儿女想念您么妈呀，孩儿想你么妈妈呀，只能在呀梦中见呀我的那好人妈呀！

四炷清香送四里么妈呀，四盏明灯么妈妈呀，照着您呀照着您呀四季发财的妈呀！满堂儿女想念您妈呀，从此以后么妈妈呀，不能见呀不能见呀我的那好人妈呀！

五炷清香送五里么妈呀，五盏明灯么妈妈呀，照着您呀照着您呀五谷丰登的妈呀！狮马鹿象做给您么妈呀，保佑儿女么妈妈呀，人丁兴旺家家发呀我的那好人妈呀！

六炷清香送六里么妈呀，六盏明灯么妈妈呀，照着您呀

部分吉利提供者　王正国

照着您呀六六大顺的妈呀！孝子贤孙来送您么妈呀，保佑他们么妈妈呀，步步高升做高官呀我的那好人妈呀！

七炷清香送七里么妈呀，七盏明灯么妈妈呀，照着您呀照着您呀七星高照的妈呀！三亲六戚来送您么妈呀，保佑他们么妈妈呀，万事如意人兴旺呀我的那好人妈呀！

八炷清香送八里么妈呀，八盏明灯么妈妈呀，照着您呀

会泽吉利

照着您呀八方进宝的妈呀！乡邻老少来送您么妈呀，保佑他们么妈妈呀，平安幸福发大财呀我的那好人妈呀！

九炷清香送九里么妈呀，九盏明灯么妈妈呀，照着您呀陪着您呀久久吉祥的妈呀！今天把您送上山么妈呀，西行路上么妈妈呀，步步登高走仙桥呀我的那好人妈呀！

十炷清香送十里么妈呀，十盏明灯么妈妈呀，照着您呀照着您呀十全十美的妈呀！今天送您把西行么妈呀，阴阳相隔么妈妈呀，十里路上各东西呀我的那好人妈呀！

十里路上送十里么妈呀，保佑大家么妈妈呀，吉祥如意四季平安呀我的那好人妈呀！十里长路送走您么妈呀，保佑大家么妈妈呀，大富大贵万年发呀我的那好人妈呀！

王正国　提供

（九）十送爹爹

一送爹爹上青山，儿女悲痛泪涟涟，
今天爹爹要出门，满堂儿女哭沉沉！

二送爹爹上青山，一步一步泼水饭，
悼念亡人要行孝，前人做给后人看！

三送爹爹上青山，孝男孝女跪两边，
念经拜佛传孝道，黄泉路上求平安！

四送爹爹上青山，　亲朋好友来悼念，

哀乐奏响催泪下，　生前好友别离难！

五送爹爹上青山，　老人恩德记心间，

天堂之路您慢走　从此阴阳两重天！

六送爹爹上青山，　青山草木好新鲜，

青龙白虎守护您，　福人葬在福宝山！

七送爹爹上青山，　养育之恩未报完，

再苦再累不开口，　不给儿女添麻烦！

八送爹爹上青山，　想起爹爹心好寒，

八方亲朋来送别，　孝子跪送上龙山！

九送爹爹上青山，　感动仙鹤下凡间，

仙鹤展翅接老人，　凡人超度即成仙！

十送爹爹上青山，　千里龙脉归终点，

爹爹葬下好风水，　子孙荣华万万年！

王正国　提供

（十）十分钱财

金鸡叫来天要明，　冤家是你送路人，

不要金银堆百斗，　只要西京路一行。

一分钱财一分金，　烧给家神土地们，

会泽吉利

家神土地让条路，让我妈妈转西京。

二分钱财二分金，烧给灶神老爷们，

灶神老爷让条路，让我妈妈转西京。

三分钱财三分金，烧给门神护卫们，

门神老爷让条路，让我妈妈转西京。

四分钱财四分金，烧给高山火庙们，

高山火庙让条路，让我妈妈转西京。

五分钱财五分金，烧给低山小庙们，

低山小庙让条路，让我妈妈转西京。

六分钱财六分金，烧给桥梁土地们，

桥梁土地让条路，让我妈妈转西京。

七分钱财七分金，烧给判官小鬼们，

判官小鬼让条路，让我妈妈转西京。

八分钱财八分金，烧给阎王老爷们，

阎王老爷让条路，让我妈妈转西京。

九分钱财九分金，烧给牛头马面们，

牛头马面让条路，让我妈妈转西京。

十分钱财十分金，烧给十殿阎王们，

十殿阎王让条路，让我妈妈转西京。

王正国　提供

74

出殡　王良忠　摄

五、发丧

（一）

灵前灯烛放豪光，八尺绫罗绕棺梁，

孝男孝女悲声放，撕心裂肺动肝肠。

昨日还在阳世上，谁知今日归西亡，

留下六亲并三档，留下儿孙一满堂。

驾鹤西游归天界，世隔人间一堵墙，

从此亲人难见面，一个阴来一个阳。

要得亲人同相会，除非南柯梦一场，

今日送亡归西去，野郊外魂把路让，

从今送亡归西后，永保家业人兴旺。

（二）

一出门来就开言，孝子跪在棺面前，

不敢抬头把客见，终身大事孝为先。

ＸＸ老大人出殡，出殡众亲要还山，

众位亲朋齐动手，整起杠口和杠首，

杠口杠首要整好，不怕索断木头翻。

乡上的来抬杠子，亲朋们来拿花圈，

青年们来抬起走，中年的来换一肩，

如果抬的要下坡，后头牵的攒劲拖，

如果抬的要上坎，抬起棺木不要反。

平路你要慢慢走，过沟过坎稳四边，

棺木抬在坟山上，然后搁到地中间，

等到金井布置好，轻把棺木放里边，

阴阳老师来定向，才把泥巴石头搬。

泥巴石头要垒好，感谢亲朋代了劳，

孟子会见期边子，我就说到这里子，

孟子会见梁惠王，我代孝家转灵堂。

（三）

太阳出东又落西，孝家跪地把头低，双膝跪的平阳地，两眼流泪打湿衣，他不敢多言，他有大事在身。壶中有酒自吃自斟，壶中无酒大喊一声，麻烦众亲友，山隔几十匹，路隔几十里，稀泥烂路，花钱费米，来到贵府才把 XX 老大人抬上山。抬起爬坡又上坎，过埂又过湾，兄弟们累得汗湿衣裳，老大人埋的是真龙地，好比朝霞大墓的犀牛山。青龙山上生贵子，白虎山高出大人，凤凰山高家豪富，玄武山高在朝廷，上策君，下策民，主家发起又发起。

六、总管喊礼

（一）

孝子叩头众亲请坐，我有句话说，天下乌鸦一般黑，孝家请我来谢客，我嘴皮生得薄，会吃不会说，我逢湾过埂来得忙，来到主家闹洋洋。我今止步抬头看，贵府 XX 老大人亡，家神上面蒙白纸，堂屋里头设灵堂，两边案子齐

会泽吉利

挂上，中间焚起一炉香，大门口挂的是哼哈二将，掌坛老师做道场。敲起锣来锣鼓响，鼓手吹得震山岗，掌坛老师教门旺，五湖四海把名扬。主家也是有名望，惊动众亲来四方，锣鼓喧天人声绕，众亲祭奠抬猪羊，礼炮三声如雷响，人山人海浪里个浪。

（二）

寂静肃立，诸亲列列，亲戚邻朋，都是好客，承蒙大礼，烧香心切，熬更守夜，睡处没得，席上荒疏，清洁欠缺。水酒自饮，没人陪得，划拳猜令，多饮几杯，量力莫越。饭后自便，无人待客，麻将扑克，任凭选择，象棋将军，要分南北。尽情欢乐，性不可灭，莫要斗气，输赢自得。天亮送葬，闹闹热热，孝家叩谢！

（三）

太阳出东又落西，孝家跪地把头低，我今表白说几句，还望诸位海涵些。承蒙亲友之厚礼，无人接待孝家愚，烟茶来敬少准备，安客不周礼不宜，席上荒疏怠慢你，青菜萝卜亦未齐，一瓶水酒清见底，多饮几杯莫放弃，猜拳行令众欢喜，吃菜喝汤莫忘记。饭后众客要注意，睡处的确不宽余，扑克麻将全由你，凡事切莫伤和气，友谊情深是第一，天亮送亡到山里，孝家叩首再感谢！

（四）

众位雅静，听我表明，孝家叩拜：诸位高亲，屈留尊驾，守夜熬更，不及照应，还望开恩，久坐受冷，无铺安身，壶内无酒，请喊一声，灯光不明，有慢众亲，席上荒疏，汤菜又冷，无人侍奉，切莫多心。明早敬请，众客送殡，亡人光彩，孝家沾恩，今夜不敬，叩头谢恩！

（五）

寂静莫慌，请听端详：老有婆婆，少有姑娘，又有嫂子，还有大娘，舅婆舅母，姑婆表孃，表姐表妹，表嫂姨娘，未曾请上，希望原谅。难为尊驾，多承增光，花费厚礼，实不敢当。明来送葬，实际帮忙，搬柴运米，汗湿衣裳，传柴烧火，煮饭炖汤，摆饭洗碗，照顾厨房，人多事多，应酬八方，为了孝家，累得心慌。堂前啼哭，慈悲心肠，多有怠慢，还望原谅。没有好菜，说成烹香，没有好酒，说成玉浆，照应不周，说成福乡，孝家叩头，感谢情长！

会泽吉利

（六）

各位亲友各位客，孝家叩首来表白：老人归西去，操劳众宾客，不辞远道来，悼念表告别。来到灵堂前，悲痛情欲绝，有的哭出声，有的心出血。在生情难忘，孝家谢恩德，诸亲送大礼，熬更又守夜，招待又不公，也少有迎接，烟茶不周到，座位又没得，有站无坐处，房屋又偏窄，席上太荒疏，清汤待贵客，没有下酒菜，饮酒要直说，人多事又众，睡处都没得，先找灯和亮，免得又受黑，麻将和扑克，全凭自选择。明早送殡葬，人多才闹热，孝家无多语，叩头谢贵客！

扬钱　张文荣　摄

七、孝子谢席

（一）

在下有一言，说得不周全。XX、XX夫妇之父（母）亲XX老大（孺）人驾鹤西去，孝家悲哀，略备衣棺，请XX师傅开道冥路，引魂香方，并承众亲九族送起浓情大礼，蝉香并烛，狮子锣鼓，前来悼念。团邻帮忙好几天，耽搁你们的睡眠，花费你们的心绪，孝家难忘心意。你们是难得的贵客，你们也有深厚的情义，由于准备不充分，加上我安排也无能力，对众亲友多有怠慢。愿大家淡酒多杯，便饭多吃！孝家别无谢意，只好席前下跪，叩头谢礼！

（二）

一言奉尽，XX府XX老大（孺）人百年归世，惊动四邻，三亲六戚，遥天路远，前来祭奠。孝家地方偏窄，人手不足。众位亲朋，熬更守夜，花费银钱，孝家铭记于心。尔后各位婚丧嫁娶，修房造屋，孝家闻讯，定报人情！席前设宴，招呼不周，安席不恭，粗茶淡饭，敬请原谅！只请你们淡酒多喝几杯，明日亡人入土送驾上山，百无禁忌，孝家入列，下

会泽吉利

跪谢客！礼毕平身，请起！

（三）

告远近众位宾客，孝子席前泪如水，

亡人昨日满阳岁，辞别人间把西归。

亲朋好友来相会，纸钱带来一大堆，

孝家心中很惭愧，经济不便事难为。

席上饭菜无好味，淡饭薄酒两三杯，

原谅孝家靠众位，熬更守夜把亡陪，

明早上山把坟垒，深厚恩情永不推！

（四）

各位来宾到寒门，孝家感恩领深情，

亡人驾鹤已西奔，惊动亲朋与四邻，

送来祭帐和三牲，花圈祭礼与祭文，

锣鼓打得有动静，孝狮玩得多高明，

敬请众位都坐定，孝子叩礼来谢恩！

（五）

各位宽坐不要走，听我愚下说从头：

亡人上天事情有，蟠桃会上饮玉酒，

劳累各位把夜守，远亲近邻众朋友，

感谢大家情义厚，亲朋来往乃长久，

素菜淡饭要吃够，薄酒几杯解忧愁。

（六）

孝子席前跪地上，各位来宾听端详，

忽然大祸从天降，亡人一梦上天堂。

感谢亲朋仁义广，孝家今后永不忘，

闲言我不常常讲，承蒙大家情义长。

（七）

各位请宽坐，愚下把席说，

亡人白事过，众位很踊跃。

千里来朝贺，吹箫奏鼓乐，

祭礼进口贺，抬来几大盒。

受冻又挨饿，各位受折磨，

茶饭很差火，几杯淡酒薄，

宽怀把酒喝，孝家才安乐。

（八）

老人前日已离世，享年已满八十四，
人世间难免有生，有死有活也有分。
老人勤俭过一生，无私奉献几十春，
愚下告席难开口，各位来宾听从头。
亡人昨日满阳寿，辞别人间去九州，
丢下全家老和幼，永归西天不回头。
感谢远近亲朋友，悼念亡人到寒楼，
团方四邻齐动手，熬更守夜不停留。
亦无佳肴与美酒，席上菜蔬也不周，
因为经济不丰厚，饮杯淡酒慢下喉。
众位留下把夜守，明早送亡上山丘，
孝家席前来叩首，深厚恩情记心头。

（九）

太阳出东落西方，亡人一去不回乡，
劳驾四邻和亲友，熬更守夜来相帮，
孝堂大事记心头，孝男孝女又发愁，
一张桌子四角方，八个客人坐一张，
没有好菜和好汤，粗茶淡饭请见谅。

（十）

各位亲朋请雅静，听我愚下说分明，
端起酒杯慢慢饮，这轮坐着帮忙人。
个个帮忙负责任，丧事办得很风顺，
三朋四友尽责任，团方四邻不抽身。
不辞辛苦翻山岭，借东借西很消停，
一切用物无亏损，大家帮忙很细心。
素菜淡饭不周正，席上没得好待成，
吃饭以后把茶饮，象棋桌上将一军。
熬更守夜周身冷，敬请各位多宽恩，
招待不恭莫见怪，东家日后再还情！

（十一）

老老少少都坐起，寒寒冷冷度日子，
亲亲朋朋三献礼，辛辛苦苦费尽力，
吹吹打打缴钱米，热热闹闹办得齐，
堂堂皇皇行丧礼，忙忙碌碌未休息，
稳稳当当请坐起，淡淡薄薄饮酒席，
好好丑丑莫多意，多多少少莫介意，

会泽吉利

转棺 王良忠 摄

啰啰嗦嗦说几句，杂乱无章不整齐，
简简单单来告礼，孝子叩礼就完毕。

（十二）

一座灵宫多闹嚷，各位来宾听端详，
老人今年九十上，昨日离世往西方。
人和逐步归天堂，玉帝请去当城隍，
老人在生情怀广，三亲六戚都到场。
送来奠礼多花样，花圈火炮堆满堂，
大炮响起如雷响，小炮如同机关枪。

立碑　王良忠　摄

请个先生来主葬，朱雀玄武安四方，

我今不必来多讲，孝子叩礼把酒尝。

八、起棺

东家今天发大材（财），一文克（用）掉万文来！恭喜贺喜，

恭喜贺喜，发财就从这点起！

王刘巧　口述

九、转棺

正压水，清又清，后辈子孙，前前后后堆黄金！

正压水，明又明，后辈子孙，世世代代出贵人！

王刘巧　口述

十、破土

一锄破东边，子辈儿孙做高官；一锄破南边，子辈儿孙挣大钱；一锄破西边，子辈儿孙富贵滔天；一锄破北边，子辈儿孙洪福齐天！

十一、进井

日吉时良，天地开张，进井万事大吉昌！进得全，代代子孙中状元！进得好，代代子孙福运照！大富大贵，富贵双全！

十二、立碑

（一）

竖起玉笏天门开，左龙右虎两边排，后代子孙大富贵，科甲连登及第来，天上降下是真龙，乾坤正气旺此中，诗书传家长荣耀，个个高中状元公！

孔祥敏　陈静华　提供

（二）

吉日吉时来立碑，石碑立得宽又宽，后辈子孙做高官！
石碑立起后代传，儿子发大财，女儿官太太，孙子点状元！

王刘巧　口述

（三）

一段红儿不多长，我将拿来挂碑梁，
左挂青龙来护佑，右挂金狮来朝堂。
自从今日挂过后，保佑子孙坐朝纲，
地凭祥光开泰运，人以正气耀儿孙。
正气一身昭日月，仁德两字传子孙，
古石苍松标贞性，行人流水皆天机。
山水有幸酬英灵，道德无价泽儿孙，
处世有道唯勤俭，传宗无奇但忠良。
前人知足借福地，后代长乐缘洞天，
松苍竹翠纳百福，山环水抱集千祥。
椿萱抱流觞并茂，兰竹蒙山川独钟，
后环青山千古秀，前抱绿水万代昌。
牢记礼为孝之本，莫忘道以德而宏，

会泽吉利

百世昌隆赖先辈，千秋功德垂子孙。

近智近仁近孝悌，希贤希圣希显达，

报效先辈唯修德，希冀儿孙当尽忠。

灵山宝穴千古秀，瑞彩祥云万年昌，

生如夏花开灿烂，逝似秋草怀至亲。

来山必然发甲第，去水定主获贞祥，

牢记礼为孝之本，莫忘道以德而昌。

祖德宗功征祥瑞，子孝孙贤迎腾达，

风藏水聚钟灵气，云蒸霞蔚佑后贤。

龙盘虎踞山川胜，水绕山环日月辉，

天经地义无今古，智山仁水有灵性。

当年幸立程门雪，此日空怀马怅风，

高卧名山多福荫，长眠福地永光辉。

美德常与天地在，英灵永垂宇宙间，

龟岭凭栏餐秀色，龙山览胜沐清风。

桂馥兰芳钟毓秀，人杰地灵锦绣图，

合冢长眠千载旺，精英永驻万年荣。

慈母圣地千秋在，子孙尊教万古存，

此地山川添秀色，升天紫气佑儿孙。

后环青山千古秀，前抱绿水万代昌，

狮马鹿象 张文荣 摄

佳城永固千秋在，吉日常照万代荣。

虎形毓秀生瑞气，吉地钟灵启人文，

古峰常育千枝秀，水泽永滋百代荣。

慷慨解囊呈爱心，栅栏闪亮树高风，

牢记礼为孝之本，莫忘道以德而宏。

良图百代传风范，仪表千秋启后昆，

灵安福地卧真穴，子孙世代福长隆。

十三、孝子叩谢

（一）谢乡邻

感谢各位亲朋好友，左邻右舍和乡上，今天是XX府XX老先生（XX老太君），出殡安葬之日。你们跑前跑后，封坟打墓，起灵下葬，吃苦受罪，孝子孝孙担情不过来，特来磕头拜谢！（鸣笛奏乐）

（二）谢亲朋

感谢各位亲朋，舅父舅母，表兄表弟，表嫂表妹，表侄表孙，我谨代表孝家，对你们的到来，表示最诚挚的谢意！由于咱地方窄小，条件有限，咱桌子高板凳低，汤多菜少盘子稀，咱少烟无茶，少酒少菜，咱东家照顾不到，我们虑事不周，还请你们多多原谅，多多包涵！白毡铺地，由孝子孝孙磕头拜谢！（鸣笛奏乐）

（三）谢帮忙人

孝子感谢各位帮忙的，抱金带银，千年创业，万年帮衬，你们取东借西，迎接客人，跑前跑后，起灵下葬，封坟打墓，

吃苦受罪，今日之事，全仗你们，孝子为此感激不尽，叩头谢恩！（鸣笛奏乐）

（四）谢伙房

孝子谢伙房，厨师手艺高，辛苦几天了。烟熏火燎，烹调煮炸，技术一流，样样领先，孝子为此感恩不尽，叩头谢恩！（鸣笛奏乐）

十四、除服告席

除服指的是"除丧""脱服"，俗称"脱孝"。丧礼仪式之一，即除去丧礼之服。亲族中，按五服制度，各人所服及服期不同，除服时间亦先后不一。古代丧祭，父母死后周年的祭礼，称小祥，两周年后的祭礼，称大祥。大多三年守孝方除服告席，有的由主持人讲，有的直接由主人家讲。

（一）

老人去世三周年，亲友儿女聚堂前，

深情缅怀寄香火，父爱如山（母爱如潮）永难还。

多谢亲朋来祭拜，亲情友情记心田，

我来代东把酒敬，各位宽座酒慢饮！

（二）

XX老人除服宴，阴阳相隔看不见，
报效先辈唯修德，希冀儿孙孝当先，
多感嘉宾来祭拜，深悲慈容去留难，
斟杯奉敬在此时，谢谢大家慢些吃。

（三）

XX除服在今日，儿孙难断骨肉恩，
三载尘埃从此归，万般皆喜自今开，
略备便宴酬嘉宾，XX家谢恩又谢亲，
酒逢知己当水喝，诸位慢饮永不醉。

（四）

各位父老乡亲，大家好！今天，我们齐聚于此，纪念XX老人去世三周年。我代表XX家，对各位的到来，对各位的帮忙，对各位的支持，表示衷心的感谢！并祝各位健康幸福，万事如意！三年后的追忆，我们将更加懂得家庭的重要，我们将更加感悟到"尽孝需趁早"的迫切，因为亲情的

扬钱　张文荣　摄

无法复制和不可再生，注定了彼此更牵挂，让我们时刻铭记"平安、平淡平和才是福"的理念。我们深信，只要XX家子孙齐心协力，XX家这棵参天大树必将枝繁叶茂，生生不息！我提议，请大家举杯，为往日难忘的岁月，为更加美好的明天干杯！XX、XX夫妇在此敬备宴席，请各位慢吃慢饮，畅叙友情。谢谢大家！

（五）

各位亲朋，大家好！XX老人，除服之期，亲朋聚会，

会泽吉利

虔诚祭拜。老人一生，劳苦功高，功似天高，养育之恩，恩深似海。苍天无情，带走慈父（母），令儿女们，阴阳相隔，无日不思，无日不想，备受煎熬，度日如年，伤心难过。回忆往事，峥嵘岁月，历历在目。展望未来，前程似锦，来日方长。祭祀之日，祝愿老人，一身轻松，一身自由，奔向天堂。但愿老人，在天之灵，保佑大家，一生平安，万代富贵！XX、XX，略备水酒，粗茶淡饭，不成敬意，请多包涵！希望各位，吃好喝好。谢谢大家！

起房盖屋吉利

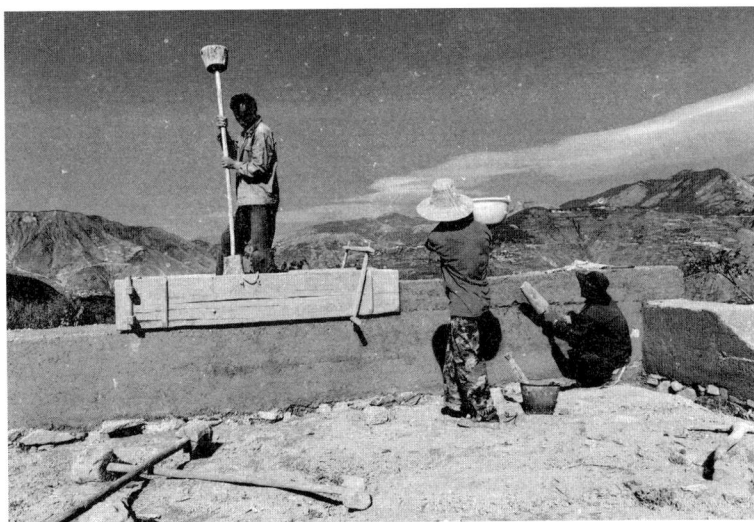

冲墙　侯明昆　摄

会泽吉利

在乌蒙山深处的会泽县，按照当地农村的传统习俗，无论过去盖土木房子、砖木结构的房子，还是现在盖平房、别墅，一般都要经历动土、上梁、挂红、立门和打灶等程序。每个环节都时兴讲吉利讨口彩，祈求平安顺利，祝福富贵吉祥！

一、开工动土

（一）

今日弟子来焚香，奉请本境城隍老爷、山神土地福德正神、土府尊神、虚空过往监察尊神，今日吉日良辰在此动土，兴建宅第（工程）、兴土动工，恐有冒渎神威。座上虔备香纸果品，请来众神监纳斋诚开恩赦罪，下祈城隍山神土地龙神列圣尊神，慈悲成全，在兴工期间，平平安安、顺顺利利、万事大吉、万事如意！

（二）

吉日良辰，天地开张，开工动土，如意安祥！三阳开泰福星照，紫气东来大吉兆！四季平安吉祥地，开工建设顺顺利利！五福临门发财旺，财源滚滚达三江！六六大顺福寿长，大富大贵呈吉祥！

（三）

日吉时良，天地开张，立地焚香，香烟上升，直达天庭。虔心拜请神佛降临，今有信士，为建居安身，特选立山向，定于今日今时动土兴工。谨备果品，恭请历代地理仙师降驾监导，恭请天上过往神佛与本地宫庙神佛、龙神、后土、土地降临护佑，保佑千祥云集，百灾俱消，万事安好！

（四）

吉日良辰，天地开张，起工动土，四季平安富贵荣昌，人丁兴旺横财进，百万资财积满门，千年福运天天有，百万财源滚滚来。栋栋高楼平地起，事事平安顺人心。新做大门崭崭新，条条缝里嵌黄金，早上开门金鸡叫，晚上关门凤凰声。开工大吉，步步高升。

张桃定　口述

二、闹梁（上梁头晚）

（一）

天地开张，日吉时良，XX家造起千秋祖堂，前有珠盘起文笔，后有狮象好来龙，明日良时正梁初登位，世世代代都荣昌，今晚贤东请来十八位仙师，吹吹打打，锣鼓喧天，歌声嘹亮闹正梁。

（二）

喜烛光辉喜洋洋，照见东家好栋梁，左右麒麟来相伴，乾坤八卦坐中央，东南西北齐吉庆，二十四向共朝堂，六十四卦吉星旺，紫微星宿坐中堂，世代富贵从此起，千支万代百世昌！

（三）

击鼓千声出才子，鸣锣万响出帝王；文武双全大富贵，日升月恒永吉祥；快乐音响歌嘹亮，闹起栋梁现金光；龙王送宝来作贺，自有麒麟送中堂。

（四）

闹梁闹梁，听我言当：生在昆仑山上，长在八宝檐前，唯有张良来看见，鲁班拿尺把它量，左边量来一丈八，右边量来丈八长。伐一斧来日月现，伐二斧来月团圆，轻轻伐下紫微梁，请来十八位仙师来抬去，轻轻放在木马上，木马一对好似鸳鸯，墨斗一过真龙现，斧子一过四四方，推刨一过当平阳，凿子一过乾坤八卦坐中央，油漆一过万道金光，上有紫微吉星照，儿孙万代福寿长！

（五）

贤东赐我一杯茶，香茶敬奉紫薇梁。正梁吉日登正位，世代富贵永无疆；贤东赐我一杯酒，敬奉此梁管千秋，千枝万派齐富贵，兰桂腾芳世代昌；祠中定升文武官，文韬武略当自强。多谢贤东发红包，一出一进万金满仓，左边金库堆得满，右边银库堆满仓，金银财宝日日有，儿孙万代福禄康！

（六）

闹梁闹梁，一闹子孙富贵大吉昌，文武双全掌朝纲；二闹子孙后代个个贤，出富出贵中状元；三闹三多衍庆并四喜，四喜临门大吉祥；四闹四季平安又生财，春夏秋冬财气旺；五闹五福临门来崇寿，寿比南山福临门；六闹六畜兴旺六六顺，牛马成群财源广；七闹五男二女共团圆，七十二行有状元；八闹彭祖寿高八百八，福如东海享万年；九闹 XX 家房屋世泽长，地久天长世代昌；十闹千家万户十全十美，富贵无疆从此起。

上梁 解治龙 摄

三、上梁

（一）

天地大喜，天有四角，地有四方，神听主人言，木听匠人话。公元X年X月X日X时X刻，XX先生大厦建成上栋梁。栋梁长在何处，生在何方？栋梁生在南方，长在乌蒙山上，走水路，九龙盘江。走旱路，八十八坡，风光一路，一路风光。到了贵府堂下，大斧子砍来叮当响，小斧子砍来响叮当。大刨子刨，小刨子光。大刨子刨得龙摆尾，小刨子刨得放金光，不长不短，不短不长，正是一根好栋梁。

（二）

天开皇堂，地降吉祥，今择良辰吉日，XX家修建千秋万代高屋大房。日出东方一点红，照见主家屋背好来龙，前有狮子把水口，后有九龙参北斗，左有青龙高万丈，右有百虎掌朝纲，前有珠盘笔架在面前，此地山清水秀，定会发个富贵千秋。

（三）

上梁上梁，听我言当：大梁生在何处，长在何方？生在乌蒙山上，长在八宝紫金檐前，何人得见？鲁班得见。张良打马乌蒙山上过，望见一根细叶纷纷好沉香，上有枝枝相对，下有叶叶成双，上面百鸟不敢宿，下面五兽不敢藏。张良听得如此语，手拿月斧走忙忙，请得张龙赵虎来砍伐。我今请你伐正梁，左边伐起蛾眉月，右边伐起月团圆，二十四斧来伐起，轻轻伐下此沉香。张龙赵虎前面走，鲁班拿尺就来量，左一量来一丈八，右一量来丈八长，左一量来右一量，此木做得三桐梁，头桐好修金罗殿，二桐好修紫金堂，唯有三桐还更好，拿与XX家做栋梁。请得八位贤士来搬起，细吹细打进作坊，一十八位贤士齐用力，轻轻放在木马上，木马一对好似鸳鸯，墨斗曲尺好似凤凰，黑线一过其龙直现，月斧一过定与四方，锛锄一过麒麟狮象，刨子一过一当平阳，油漆一过毫光万丈。手拿凿子四四方，造起八卦坐中堂，东边造成长发起，西边造成百世昌，乾坤八卦来定位，紫微星光照华堂。前面造起鱼龙样，后面造起八宝金装，两边造起龙牙细齿，中间造起太极凤凰，东方造起河图龙马，两边造起洛书阴阳，左边造起摇钱树，右边造起聚宝盆，摇钱树来聚宝盆，朝落黄金晚落银，一日不扫三寸厚，三日不扫九寸深，贤良东君不来扫，金银财宝撑齐门。雕起龙头并凤尾，四面尽是紫金装，四边造起文彬雅致，八方造起八卦瑞祥，生得山清水秀，发个富贵双全万年长。

（四）

贤东赐我一凤凰，生得头高尾巴长，头高顶得千担米，尾长驮得万担粮，两耳高官职，身穿紫罗袍，朝在金罗宝殿，晚在王母面前，一更金鸡不可叫，二更金鸡不可啼，三更金鸡叫，正是太子登位时；四更金鸡啼，正是皇王点卯时；五更金鸡来报喜，正是XX家上梁时。当今皇上听得此鸡啼，便是早起坐朝时；文官听得此鸡啼，穿衣折简拜丹墀；武官听得此鸡啼，排兵列阵正当时；八十公公听得此鸡啼，叫男叫女早起时；学生听得此鸡啼，正是早起读书时，十年寒窗无人问，一举成名天下知；客人听得此鸡啼，收拾行装便登程；撑船听得此鸡啼，开篙下河正当时；先生听得此鸡啼，手执罗盘正当时；和尚听得此鸡啼，正是早起念阿弥；石匠听得此鸡啼，正是开工发财时；泥工听得此鸡啼，正是行墙起造时；百工听得此鸡啼，正是发财发富时；十八姑娘听得此鸡啼，正当早起梳妆打扮画娥眉；今日今时我鲁班弟子听得此鸡啼，正是为XX家上梁时，金鸡飞过梁，发个地久并天长，金鸡梁上停，凶神退位吉神临。

（五）

脚踏金砖手扒银，云梯高拔栋宇新，好像麒麟角上生，雕梁画栋锦绣添。东边起得高，代代儿孙出英豪，西边又重起，荣华富贵从此起！一起梁头登金榜，金榜高中状元郎；二起梁尾生贵子，房房欢乐喜洋洋；三起梁中大吉昌，发富发贵置田庄；四起梁西喜成双，儿孙代代掌朝纲；五起梁中喜洋洋，五福来崇祖先堂；六起朱雀来报喜，喜事重重庆吉祥；七起玄武来庆寿，寿元高得与天长；八起青龙左右排，朝添

会泽吉利

喜事晚添财；九起白虎右边伏，儿孙加官又进禄；十起十全大吉昌，人兴财旺万年长！栋梁定位，发富发贵，鲁班言语，出自心意，XX家，修造高房，宽房大院，千秋兴旺！

（六）

梁起程梁重千斤，主人财宝要高升！一起程梁重，二起在半空，包包再拿拢，一定胜皇宫！木梁上了墙，主人喜洋洋，火炮震天响，要吃主人粑粑糖，主人真是好大方，票子我用荷包装，恭贺主人把梁上，百事顺利大吉昌！

（七）

我一不早来二不迟，正是东家上梁时，上起东来龙献爪，上起西时凤朝阳，朝阳朝到西门外，千里花开万里香，天官送福，点燃爆竹，千秋万福！

张桃定　口述

（八）

主家今日屋上梁，喜逢黄道降吉祥，手拿主家一片绫，一丈三尺还有零，左拴三下增富贵，右拴三下点翰林，主家人财两兴旺，荣华富贵满门庭！

张桃定　口述

（九）

今日天晴来上梁，东家修得好华堂，华堂修在龙口上，大家齐心来上梁：一上一品当朝，二上双凤朝阳，三上状元及第，四上四季发财，五上五谷丰登，六上六合同春，七上七星高照，八上八仙过海，九上九子登科，十上十美十全，荣华富贵万万年。

刘关玉　口述

（十）

日头出来喜洋洋，东家今天建高堂，腊月十五新盖起，东家今日来上梁，后面三路是书房，中间三路是高堂，前边三路作圈房。左边关猪鸡，右边关牛羊，五谷杂粮万万担，前边还有大鱼塘。又买车又买房，使得东家喜气洋洋。

刘关玉　口述

（十一）

说吉利，讲吉利，师傅不讲等徒弟，徒弟上前讲两句，

会泽吉利

编者与雷顺所（右）

编者与舒正德（左）

师傅莫多意！水有源头树有根，先走树上来封赠：山头出，箐头长，棵棵长得沉香木，砍得一棵又一棵，盖起千年老龙窝，四题柱子对面站，牛马养得千千万；大梁上得高又高，银子进得几万挑，二梁上得矮又矮，银子进得几万块；竖柱喜逢黄道日，上梁正遇紫微星，师傅来得慢又慢，五尺杆上挂绸缎，先打雷，后下雨，一匹毛红挞到底，毛红挞进不挞出，挞在主人家满堂屋，左边一库真金子，右边一库雪花银，前楼堆不下，后楼压弯掉，早落黄金有四两，晚落白银有半斤，三天不扫堂前地，散金碎银堆起门槛脚；房子盖得像龙虎，子辈儿孙出文武，房子盖得高又高，子辈儿孙富贵滔滔，房子盖得宽又宽，子辈儿孙做高官！

雷顺所　口述

（十二）

吉利吉利，口头出得去。师傅不讲攀徒弟，徒弟讲两句，师傅冒多意。水有源头树有根，先从树上来封赠：山头长箐头出，棵棵出得沉香木，东家砍来盖座屋。砍来一棵又一棵，盖起千年老龙窝，棵棵柱子脚落地，难为亲朋来竖起，棵棵柱子对面站，牛马牲口一大片，五谷杂粮散金碎银千千万，前人建房后人传，辈辈儿孙做高官！日头出来点点黄，照着主家上中梁，一上中梁起，不做文官做武举；大梁上得高又高，上起梁来出国去深造；二梁上得平又平，上起梁来出贵人；三梁上得圆又圆，上起梁来点状元！

舒正德　提供

（十三）

今日天晴来上梁，东家修得好华堂，

华堂修在龙口上，大家齐心来上梁：

上一步一品当朝，上二步双凤朝阳，

上三步三元及第，上四步四季发财，

109

会泽吉利

上五步五谷丰登，上六步六合同春，
上七步七星高照，上八步八仙过海，
上九步九子登科，上十步十全十美，
十一十二上得全，荣华富贵万万年。

（十四）

日吉时良大吉昌，张良采梁鲁班装，
松柏常青做大梁，四面推得光又光。
上写福禄子孙旺，下写泥木石三行，
大家都来把梁上，要吃主人酒和糖。
主人票子拿手上，匠人我用荷包装，
手拿金绳系大梁，恭贺主人大吉昌!
新修华堂喜气洋，手拿金鸡点木梁，
今日我来把梁上，紫薇高照吉四方。
主人红包拿得旺，儿子儿孙福满堂，
金绳一根系上梁，事事顺利大吉昌。
上梁时间现已到，上梁时间刚刚好:
对准栋梁三记敲，右手馒头左手糕，
脚踏仙梯步步高，手攀丹桂采仙桃，
仙桃不吃凡人吃，鲁班仙师走一遭。

竖柱　王良忠　摄

四、撒梁

（一）

贺喜东家，先到会泽去买麦，后到昆明来买糖。买了麦买了糖，就进磨坊，做出糖子饼子撒栋梁：一个撒东，恭喜东家出相公；两个撒南，恭喜东家出状元；三个撒西，恭喜东家穿朝衣；四个抛北，恭喜东家万事了不得。天官赐福，

会泽吉利

百子千孙，荣华富贵，炸封爆竹。

（二）

贤东赐我一盘粮，拿给我来撒五方：一撒东方甲乙木，千里灵神来送福；二撒南方喜洋洋，千支龙脉奔住场；三撒西方庚辛金，枰称黄金斗量银；四撒北方壬癸水，祠堂建在龙脉位；五撒中央戊己土，戊己之中出彭祖，彭祖寿高八百八，王母高寿九百九，八百八来九百九，庆贺贤东得千秋。

（三）

撒梁撒梁，听我言当：生男生五个，生女生一双，大公子朝中有官职，二公子坐朝出帝王，三公子朝中为宰相，四公子高中状元郎，五公子年纪虽小，坐轿骑马，在家管田庄，上管田庄千万亩，下管店铺八万庄。大姑娘嫁皇上为正宫，二姑娘彩锦绣鸳鸯，绣双鸳鸯无处放，拿与人间缠栋梁，左缠三转出富贵，右缠三转出帝王，左也缠来右也缠，XX家发富发贵万万年。

（四）

撒梁撒梁，富贵吉祥：一撒子孙后代永无疆，荣华富贵福满堂；二撒代代儿孙穿朝衣，富贵双全世代昌；三撒三多并四喜，幸福如意喜中堂；四撒四季生财财源旺，金银财宝堆满仓；五撒五福临门来崇寿，五福崇寿福禄康；六撒六畜兴旺六六顺，牛羊成群福吉祥；七撒五男二女共团圆，五子登科中状元；八撒彭祖寿年八百八，寿比南山福寿全；九撒福门天长并地久，合族天长地久万年长；十撒宗公庇佑十全美，世代无疆从此起。千支万脉齐万代，千秋永固世代昌！

（五）

天地开张，日吉时良，合天时，得地利，正合XX家建房栋梁登主位。前有朱雀起文笔，后有玄武好来龙，左有青龙来相伴，右有白虎就地眠，东边造起金银库，西边造起积谷仓，日进千箱宝，时招万里财。手拿金盘四四方，金银香果撒栋梁，金银香果撒在栋梁上面过，荣华富贵万年长；撒向东，代代儿孙坐朝中，撒向南，七子团圆中状元，撒向西，富贵双全福满地，撒向北，兰桂腾芳世代昌，东南西北都撒齐，XX家富贵从此起！

（六）

撒梁撒梁，捡到吉祥：东边邻居捡一对，生财发富又发贵；

右边亲友捡一箱，买田购地置田庄；读书学生捡一对，金榜题名中状元；新婚夫妇捡一双，白头偕老共天长；八十老太捡一对，寿比南山福寿康；满堂嘉宾捡一双，春夏秋冬财源旺。

（七）

吉日撒梁太阳出，东家请我撒五谷：一撒大梁头，世代儿孙做诸侯；二撒大梁中，世代儿孙做朝中；三撒大梁尾，世代儿孙都富贵。梁头梁尾撒已毕，谢谢师傅、各位众亲戚！

五、祭梁（木匠师傅）

（一）

日吉时良，天地开场，天有八卦，地圆四方，天圆地方，六令九章，主家上梁，金玉满堂！不提中梁犹自可，提起中梁有根生，此木生在乌蒙山上，潮流三千，磨流八百，张郎过路不敢砍，李郎过路不敢捞，只有鲁班弟子道法大，将树砍了来，拿与主家做中梁。

1. 说鸡就说鸡，头高尾巴低，头戴五色花冠子，身穿五色绿毛衣，唐僧西天取经带回三双六个蛋，王母娘娘报出三双六个鸡，大哥飞在南天门，取名叫凤凰鸡，二哥飞在海中叫海鸡，三哥飞在竹林叫竹鸡，四哥飞在田中叫秧鸡，主家经过孔子研究一千一百四十五载，化作阴阳为叫鸡，今天落在弟子手，拿来做祭中梁鸡：一祭中梁头，子孙出诸侯；二祭中梁中，子孙状元中；三祭中梁尾，子孙荣华又富贵。

2. 说酒就说酒，说酒有根由，张郎打豆浆，李郎种高粱，造酒离不得巴岩相，一百零八味药，七日七夜满屋香，此酒拿来有何用，拿与主家祭中梁。

3. 说刀头来说刀头，说起刀头有根由，张铁匠李铁匠，打把钢刀明晃晃，白刀进红刀出，旺子流出红昂昂，开膛破肚又取肠，排骨拿来又施汤，小肠拿来灌香肠，刀头拿来祭中梁。

4. 说香烛来说香烛，说起香烛有缘由，一对红烛不多长，三组信香插中央，自从禹王自造起，敬天敬地敬三光。

5. 说绳就说绳，说起绳来有根生。天上鸟去开，金丝银绳吊下来，左缠三转生贵子，右缠三转状元郎。

6. 说纸就说纸，纸是蔡伦造，何晏造出三色纸，下纸拿来做钱纸，一把烧给天和地，主家今年好顺利。

7. 说粑粑来说粑粑，粑粑来由说根芽，正月立春雨水，二月惊蛰春分，三月清明谷雨，四月立夏小满正栽秧，秋后十天满田黄，张铁匠来李铁匠，打把镰刀月儿样，顺风打来

会泽吉利

盖新房 解治龙 摄

顺风扬,一担二斗谷子,挑进磨房,苦不过的张三娘,只准做,不准尝,此粑粑拿来有何用,拿来主家祭中梁。

8.说茶盘来说茶盘,茶盘来由说不完。一个茶盘四角方,张郎设计鲁班装,四角雕起银牙板,香茶斟起放中央。

9.说红就说红,说起红来有根生。仙姑仙姐下凡尘,大姐织来二姐圆,三姐四姐抛高杆,五姐六姐长街卖,主家将他买回来,手提红菱三丈三,拿与主家大梁担。

10.手执云梯步步登高,手把仙树结仙桃,左手接起三两个,右手接起四五双:一把东,子孙坐朝中,二把南,子

116

孙做高官，三把西，子孙穿朝衣，四把北，子子孙孙了不得，五把中，代代儿孙坐皇宫。给予主家粑粑一对，发财发富发富贵，给你主家粑一双，一籽落地，万籽归仓；送你生意买卖人一个粑，空手出门，抱财归家；给你众客人一个粑，老的吃了添福寿，少的吃了生娃娃，巴掌一响，黄金万两，巴掌一住，大贵大富。

（二）

木王木王你生在何处，长在何方？我生在乌蒙山上，长在野马山场。是什么赐你生？是什么赐你长？是日月二光赐我生，是露水茫茫赐我长。我长得枝对枝来叶对叶，乌鸦不敢头上歇，鲁班打从云中过，见到此木发豪光，此木长来做何用？此木长来做栋梁。背副锯子来砍梁，一木一梁砍一斧，一木二梁砍半边，一木三梁再砍断，拿起大锯来切兜，小锯来切尖，切了兜切了尖，切了两头要中间，主家请起七十二人吹吹打打，热热闹闹，迎进木场，木马一对，好似鸳鸯，确是墨斗，好似凤凰。开山一去是坑坑荡荡，锯子一去是坦坦平扬，墨线一去是路路成行，推刨一去是发豪光，打金伞做八轿，儿子儿孙戴纱帽，祭梁已毕，连升三级！

（三）

手接东家一把壶，黄金万两靠得住，上面造起龙凤狮子盖，下面造起莲花托酒盘，茶要说个茶出处，酒要说个酒根苗。茶叶出在深山崖洞中，水酒出在田里糯米香。酒为何人造？杜康仙师造。男人造酒不可先知，女人造酒不可先尝。杜康社康，寅时造酒，卯时就香。我今将酒祭五方：一祭梁头，万里诸侯；二祭梁尾，添财带贵；三祭梁腰，玉带飘飘；四祭梁肚，金银满库；五祭中心太极图，太极图上生彭子，彭子寿高八百载，果老二万七千春，天官赐福，荣华富贵，声声封爆竹。

（四）

贤东赐我一把瓶，千两黄金打造成，卜打金银并宝盖，下打莲花托酒瓶。酒是何人所造？酒是杜康所造，杜康杜康，造酒三缸，杜康造酒第一缸，拿给人间婚姻喜庆，杜康造酒第二缸，拿给人间置田庄，杜康造酒第三缸，拿给我今祭正梁。一杯米酒祭梁头，代代儿孙出诸侯；二杯米酒祭梁中，代代儿孙当相公；三杯米酒祭梁尾，XX家发富发贵从此起；四杯米酒祭四方，发个地久并天长，壶中酒来壶中酒，置了田庄当诸侯。

（五）

手拿主家一片绫，一丈三尺还有零，

左拴三下增富贵，右拴三下点翰林，

主家人财两兴旺，荣华富贵显门庭。

手端主家一杯酒，赞个天长与地久，

手端主家二杯酒，荣华富贵代代有，

手端主家三杯酒，子子孙孙封王侯。

手拿主家一只鸡，生得头高尾巴低，

头戴金冠霞帔锦，身穿五彩羽毛衣，

此鸡不是非凡鸡，东家拿来祭梁鸡。

主家今日屋上梁，喜逢黄道降吉祥，

福星高照生光彩，金玉满堂万事昌。

手拿粑粑抛向东，主家盖屋当富翁，

老人勤俭得长寿，后生勤俭做英雄。

（六）

此鸡不是凡间鸡，身穿五色美毛衣，

主人今日来用你，祭梁大吉是佳期，

雄鸡拿在我手上，恭贺主人大吉昌。

鲁班先师制梁棒，有请先师到华堂，

主人今日把梁上，锦旗火炮喜洋洋。

雄鸡用来点梁头，儿子儿孙当诸侯，

雄鸡用来点梁腰，主家福寿天下高，

雄鸡用来点梁尾，六畜兴旺大又肥，

前点金银装满罐，后点主家福无边。

六、上梁挂红

（一）

太阳出来喜洋洋，东家拿红挂大梁，左挂大梁生贵子，右挂大梁代代强！

张桃定　口述

（二）

东家今日福禄全，吉日吉时讲吉言：一挂天长地久，二挂地久天长，三挂荣华富贵，四挂儿孙满堂，五挂五子登科，六挂六六大顺，七挂天上七姊妹，八挂神仙吕洞宾，九挂九龙归大海，十挂十全又十美，十一十二挂得好，挂个珍珠配玛瑙，珍珠玛瑙遍地跑，一代更比一代好！

张桃定　口述

（三）

贤东赐我一匹绫，绫罗出在苏州城，苏州城里出巧女，织造绫罗走街亭，贤东就用金钱买，拿给我来缠梁身，左缠三转龙摆尾，右缠三转凤相连，凤相连来生贵子，龙摆尾来出状元，状元才子登金榜，龙凤相连结良缘，良缘良缘，左传右传，缠起一定生富贵，缠起文武两双全，缠起三多皆喜庆，缠起四喜常临门，缠起五福来崇寿，缠起六合来同春，缠起七星长拱照，缠起八发降吉祥，发个天长并地久，荣华富贵万年长。左也缠来右也缠，缠起栋梁上山尖，东边起得高，好挂紫罗袍；西边又同起，好挂紫罗衣；两边同时起，XX家发富发贵从此起！一要千支发万代，二要世代更兴隆，三要长发其祥，四要世代荣昌，五要兰桂腾芳，六要富贵吉祥，七要祖德流芳远，八要宗功世泽长，九要丁粮并发，十要科甲连蝉！

张桃定　口述

（四）

这匹原红亮铮铮，手提原红挂梁根，这匹原红红似火，这匹原红有根生：一挂党的好政策，包产到户是稳定，吃呢

会泽吉利

编者与王保林（中）冯合有（左）

包产粮，住呢是瓦房，穿呢的确良！再挂主家好福音，天上照起紫微星，千里来龙归此地，万年富贵树长青！三挂感谢众亲戚，生活过得如蜜糖，日子过得喜洋洋！

王宝林　口述

（五）

这匹原红长又长，今天拿来挂大梁：一挂中国共产党，二挂领袖毛主席，三挂党的好政策，四挂国家大发展，五挂幸福好日子，六挂大家要明白，七挂包产到户好，八卦坛坛罐罐装不了，九挂众亲众戚来吃酒，十挂状元坐北京，十一十二挂得好，挂个珍珠配玛瑙，珍珠玛瑙遍地跑，一天更比一天好！

王宝林　口述

（六）

脚踏楼梯手扒椽，主人家要挣金山：一挂天长地久，二挂地久天长，三挂金玉满堂，四挂事事如意，五挂五子登科，六挂六六大顺，七挂七星高照，八挂八方来财，九挂九九同心，十挂十全十美！再祝主人家：香蕉下酒，越吃越有！

朱家福　陈静华　提供

七、安墙脚石

（一）

修房石工先行官，吉日来把墙脚安，玉石打底金盖面，修座华堂宽又宽，子孙金榜把名点，不中文官中武官，水晶玉石长又方，恭贺主人修华堂，吉日墙脚安稳当，上面工师好脚墙，主人看见喜心上，人兴财旺幸福长。

123

（二）

吉日良辰把石安，代代做官帝王前，家中粮食仓库满，百般如意自然安，人兴财发官职旺，金榜题名第一先，门旺家和多福寿，子孙兴旺有余钱，年年岁岁多吉庆，猪牛羊马放满山。一安东，青龙进宝喜重重，甲乙青龙安左右，代代儿孙帝王中；二安南，子孙富贵永绵绵，丙丁朱雀安前面，代代身着紫罗兰；三安西，白虎高照晨光曦，喜庆临门家道吉，子孙代代步云梯；四安北，玄武高照紫阳门，紫金玉带入金阙，金玉满堂从此得。土府中央管四方，子辈儿孙坐高堂，堂中宰相都御史，双门龙下拜君王，人人都是龙门客，个个都是状元郎。

八．立门

立门，是指过去在农村，主人家房子主体盖好后，选个黄道吉日，请木匠师傅来安装大门。在立门的时候，很多木匠师傅都会讲一些吉利，讨个口彩。

（一）

今天好时辰，东家请我立大门，大门立好掉，挡鬼不挡神！鬼魅滚一边，不敢走上前，邪气躲得远，好事喜连连！财神进门来，年年都发财，金钱翻跟斗，都往我家走！福禄神来到，福运加喜报，事业有前途，夫妻更和睦！还有老寿星，送寿进了门，老人不生病，健康过一生！喜神来加入，再把喜事促，小孩都平安，大人更喜欢！大门已安妥，各路神仙锁，今后多串门，给您献供果。

（二）

今日立大门，日月星辰齐照临，日进金，夜入银，子孙万代是贤英！大门竖得高，子孙万代出富豪！大门竖得宽，满屋财宝万万千！出门四方财丰旺，进门日夜永吉祥！自从今日立门后，出入平安，纳财接福，百子千孙，万代富贵！

（三）

东边一朵紫云开，西边一朵紫云来，两朵祥云齐驾起，鲁班先师下凡来。此门非凡门，东家今日立财门，左边安的是秦琼，右边安的尉迟恭，秦琼尉迟恭，来到家里守财门，日进千乡宝，时招万里财。东成西就南通北达，恭喜东家少者添富贵，长者增寿元，出入皆平安，百事顺利，千事吉祥，万事如意，荣华富贵万万年！恭喜恭喜！

（四）

天高地厚逢良辰，手拿斧头钉财门，主家财源多茂盛，斗大黄金滚进门。吉日来把财门钉，百事顺畅又太平，开门不让邪魔进，晚上关门无坏人。恭喜贺喜！

（五）

鲁班制门三尺三，阴也关，阳也关。正门正路顺利行，邪门歪道不能进。左手挥金，右手挥银，金银同来钉大门。左边钉得金鸡叫，右边钉得凤凰声，荣华富贵往上升！先钉左边，子辈儿孙做高官！再钉右边，子辈儿孙中状元！先上下头，再上上头，世世代代封诸侯。贺喜恭喜！

（六）

天高地厚逢良辰，黄道吉日请财神，
先把鲁班宗师请，东家请我来立门。
手提斧头立财门，万两黄金滚进门，
今日我把财门钉，万事顺昌又太平！

（七）

天高地厚逢良辰，手拿斧头立财门，

主家财源多茂盛，斗大黄金滚进门。

吉日来把财门立，万事顺利又太平，

自走今天立好掉，荣华富贵过一生！

（八）

东方我如天刚印，黄道吉日请财神，

东家请我来安门，先把鲁班宗师请。

天高地厚逢良辰，手拿斧头安财门，

主家财源很茂盛，黄金天天滚进门！

（九）

今年是个好运年，我来给你说吉言，

你家今天立大门，来年一定好运程。

这道大门立得好，代代儿孙当领导，

这道大门立得宽，代代儿孙做高官，

这道大门立得新，代代儿孙坐北京！

左手开门金鸡叫，右手开门凤凰闹，

大门大门大大开，金银财宝滚进来，

财宝滚进不滚出，滚进你家满堂屋！

小小堂屋四角方，金银财宝装满仓，

会泽吉利

又进金来又进银，金水淌进你家门，

金子就是长流水，银子保得考秀才！

左脚进是带财运，右脚进是带平安，

这道大门立得好，一年更比一年好，

恭喜恭喜恭喜你，发财就从今天起！

九、打 灶

在乌蒙山深处，会泽的农村，砌灶叫打灶，按照过去地

老式灶 张文荣 摄

方的习俗，在打灶动工或者砌灶台、灶心的时候，都会封赠一些吉利话，讨个口彩。

（一）

家乡为民，灶台开工，天仙保佑，火神行奉，灶台有灵，人人享用！祝愿主家：万事如意，财运亨通，金玉满堂，四季康隆！

（二）

贫者砌灶，金银如山，富人为灶，五福俱全，路人赞灶，财运连连！祝福主家：金玉满堂，福禄双全，儿孙昌盛，丁财绵延！

（三）

老人观灶，安康寿长，小孩嬉灶，必成栋梁；男人看灶，富贵吉祥，淑女羞灶，喜嫁如意郎；人人护灶，吉吉良良！祝福主家：财源广进，人丁兴旺，福禄寿喜，金玉满堂！

（四）

雄鸡一唱天下白，太阳出来亮堂堂，太阳出来照灶台，

会泽吉利

新式灶　　张文荣　摄

灶台火红万事兴。红红火火子孙荣，子子孙孙到龙亭，灶公灶母同坐镇，主家平安万年春。更喜日子红似火，财源滚滚喜盈门，恭贺主家好日子，福寿安康幸福人。恭贺主人家，岁岁平安，大吉大利！

开财门吉利

开财门 蔡富丽 摄

会泽吉利

开财门，是道教法脉中的一个开财运、催旺财库之法。后来，逐步演变成民间岁时习俗。春节前夕，各家各户准备好一捆柴放在大门外，到农历正月初一天刚报晓，由男子开门抱柴进门，意为开门进财（柴）。偶尔，有的人家也会专门选个黄道吉日，请人开财门，讲吉利，讨口彩。

一

日吉时良好时辰，天地开张开财门，
万两黄金来得快，主家发财千万代。
送的金银来得忙，主家发财万年长，
送来黄金万万两，送来白银万万箱。
金一仓来银一仓，千年富贵读文章，
读书之人得高官，种田之人有田庄。
有了长田好跑马，有了田庄粮满仓，
自从今日开门后，荣华富贵万年昌。
恭喜贺喜贺喜你，发财就从今日起！

二

时吉日良好运临，我给东家开财门，
春季财门春季旺，夏季财门夏季新，
秋季财门进人口，冬季财门进黄金。
四大财门大大开，金银财宝滚进来，
财宝滚进不滚出，滚进东家满堂屋，
自走现在开门后，吃不愁来穿不愁。
恭喜恭喜恭喜你，发财就从今天起！

三

东家房子修得宽，此地盖房真可观，
一要贵人骑天马，二要天马合同林，
三要紫薇来高照，四要书香不离身。
东家财门三尺三，白天开来晚上关，
白天开起金鸡叫，夜晚关起凤凰参，
开关都有大富贵，子辈儿孙做高官。
我是天上财帛星，来与主家开财门，
开个春季财门旺，夏季财门夏季兴，

会泽吉利

秋季财门进人口，冬季财门进金银。

四大财门我来开，斗大黄金滚进来，

人之初来性本善，开了一扇留一扇，

孟子见了梁惠王，两扇打开亮华堂。

四

今日正是好时辰，鲁班先师开财门，

财星捧宝送主人，一开主人财兴旺，

二开主人家道兴，三开主人登科早，

四开主人福康宁，五开主人皆吉利，

六开主人有金银，七开主人置田地，

八开主人新华居，九开主人生贵子，

十开主人出贤人，买笔买纸给儿孙，

下头读到云南省，上头读到北京城，

读了三年得官做，读了五年秀才人，

自从今日开门后，天下为官第一人！

五

远看贵府一座州，鸡猪鹅鸭满池游。

前面又修三滴水，后面又修转角楼。

三滴水来转角楼，文武公相在里头。

一开贵府一重门，一年四季进金银。

二开贵府二重门，春满乾坤福满门。

三开贵府三重门，三多吉庆你家门。

四开贵府四重门，四季发财你家行。

五开贵府五重门，五子登科点翰林。

六开贵府六重门，六合同春你家行。

七开贵府七重门，七仙高照显门庭。

八开贵府八重门，八福寿喜你家门。

九开贵府九重门，九老成双你家门。

十开贵府十重门，十全十美你家行。

东家财门双扇开，财神一步进门来。

步步登高进门来，福禄寿喜三仙台。

遇着青龙归大海，家有荣华富贵来。

那边走到这边来，双打梅花遍地开。

不知蜡梅开得早，隔年打苞等春来。

皇天贵母许下愿，原来送财要送春。

盘古初分混沌忙，天黄地黄与人皇。

女娲炼石补天下，伏羲八卦定阴阳。

会泽吉利

神农炎帝治五谷，轩辕黄帝治衣襟。

尧帝舜帝梁武帝，禹王治水归九江。

王莽篡国把位让，何须又出赵玄娘。

这古理我难表尽，但表几句往前行。

我在堂前说得苦，主人倒杯茶来补。

不说茶来尤为可，说起茶来有根生。

唐僧西天去取经，一路行程四个人。

前面走的孙行者，后面走的是沙僧。

背包打伞猪八戒，白龙马上是唐僧。

取得真经回家转，随带茶籽转回程。

昆仑山上撒几把，须弥山上生几根。

几十几根为一转，几十几根转为林。

冬怕野猪拱茶籽，春怕鸡啄茶不生。

年年有个三月三，采茶娘子上茶山。

采茶娘子十二个，六个穿红六穿青。

左手采茶茶四两，右手采茶茶半斤。

茶四两来茶半斤，锅头炒来甑子蒸。

稀奇古怪怪其哉，泥巴做出罐儿来。

前面做起鹦鹉嘴，后面做起凤凰台。

鹦鹉嘴来凤凰台，自然做出好茶来。

头道拿来敬天地，二道拿来敬神灵。

三道拿来敬世主，四道才敬送财人。

如今财神要起身，说段吉利送主人。

天增岁月人增寿，春满乾坤福满门。

六

（外）太阳出来喜洋洋，照得东家立华堂，东家房子修在龙头上，今日正好开财门，开门开门快开门。

（内）你是哪里来的什么人，来到东家为哪门？哪个叫你来开门？

（外）我是天上来的财帛星，来给东家开财门，玉帝叫我来开门！

（内）山路来还是水路来？山路走了多少里？水路行了多少程？哪个和你同板凳？哪个和你同路行？

（外）山路我也来，水路我也来，山管人丁水管财，山管人丁人才旺，水管财源福禄来。山路茫茫不见路，水路茫茫不见滩，我走了九十九条路，我过了九十九个滩，王母娘娘同板凳，白鹤先生同路行。

（内）你的名字叫哪样？父母名字怎样称？你的姊妹有

几个？姊妹名字怎样称？你是何年何月何日生？

（外）我是会泽有名人，我爹姓张来妈姓林，金宵银宵碧宵是我亲姐妹，我是大年三十晚上生，开门开门快开门。

（开门）东家财门大大开，金银财宝滚进来，财宝滚进不滚出，滚进东家满堂屋，自走今日开过后，金水淌进东家屋！

七

（外）太阳出来喜洋洋，照着东家立华堂，东家房子起在龙头上，今日正好开财门，开门、开门、快开门！

（内）你是哪里来的什么人？来到主家为哪门？哪个叫你来开门？

（外）我是天上来的财帛星，来给主家开财门，玉帝叫我来开门。

（内）山路来还是水路来？山路走了多少里？水路行了多少程？哪个和你同板凳？哪个和你同路行？

（外）山也来是水也来，山管人丁水管财，山管人丁人财旺，水管财源福禄来，山路茫茫不见路，水路茫茫不见滩，我走了九十九条路，过了九十九个滩，王母娘娘同板凳，白鹤先师同路行。

（内）你的姓名叫哪样？父母名字怎样称？你的姊妹有几个？姊妹名字怎样称？你是何月何日生？

（外）我是玄坛赵公明，母姓张来爹姓赵，金霄银霄碧霄是我亲姊妹，我是三月十五那天生，开门、开门、开门。

开财门　张文荣　摄

会泽吉利

（内）财门大大开，金银财宝滚进来，财宝滚进不滚出，滚进东家满堂屋，自从今天开过后，主家发财万万春！

八

（外）远看青山一座城。

（内）外面来的什么人？

（外）送财童子，天地人，来给主家开财门。

（内）树在何处长？门在何处生？

（外）树在乌蒙山上长，门在北京城里生。鲁班先师神通大，砍来做得三扇门，一扇玉帝拿去做天门，二扇拿往水府去，水府拿去做龙门，后留一扇传天下。鲁班造门三尺三，撒给各州府县人，原始木销做门关，现在铝合金做门，白天开起夜晚关，白天开门进财宝，夜晚关门保平安，万年财门代代安。

搬家吉利

耍龙庆搬家　李永星　摄

会泽吉利

按照会泽传统习俗，搬家入宅，有许多讲究。入新宅之前三天或前一天，须用少许糯米及少许粗盐掺于水中，由内到外，撒整间屋子；撒完之后就亮灯（二十四小时亮灯），灯火通明至搬家入宅；入宅当天，新宅不可有人在内，如若当日犯冲者，不可参与仪式，仪式之后才能进入新宅。然后，提着或挑着两桶水，拎着烧旺的炉火，来到新宅大门口，并喊："财门开，财门开，金银财宝滚进来"，然后把预先准备用的钱币（多少随意）丢入宅内，再滚入八颗大橘子，之后每个人手拿东西（不可空手），跨过火炉进入屋内。有安神

搬家　王良忠　摄

位者,神及香炉等先入,无安神者,吉祥物及柴、米、油、盐、酱、醋、茶等先进。请工人搬家者,在屋外先发个红包给他们,让他们带利市入宅。搬家当天不可穿得太随便,带些金器银器及钱财在身上更好。搬入新宅,前来祝贺的亲戚朋友,便会讲一些祝福的吉利话。

一

今天是个好日子,主家搬进新房子,新居豪华有气派,别具一格新样子!一间用来装金子,一间用来装银子,金银财宝样样全,珍珠玛瑙满柜子。客厅全套新款式,卧室新床新被子。一间赡养娘老子,一间抚养孝顺子。楼下还有大院子,来来往往新车子,亲朋好友来相聚,庆祝主家好日子!

朱家福　陈静华　提供

二

三阳日照平安宅,五福星临吉庆门,平安福地紫微照,吉庆人家沐春风。新人新居齐欢庆,欢歌笑语福满庭,屋满春风春满屋,门盈喜气喜盈门。花香入室春风暖,瑞气盈门

会泽吉利

现景新，宏图大展兴隆宅，泰云长临富裕门。祥云环绕新门第，平安富贵几代人！

张桃定　口述

三

乔迁喜，天地人共喜！新居荣，福禄寿皆齐！吉日迁新居，万事都如意！莺迁乔木，燕入高楼！祥云环绕新门第，红日光临喜人居！笑语声声，共庆乔迁喜！喜到门前，清风明月聚！福临宅地，堆金积玉！

张桃定　口述

四

一进财门喜洋洋，珍珠玛瑙在正堂，
左边双龙来献宝，右边凤凰来朝阳。
文武财神来到此，八方同来献宝忙，
各路神仙齐保佑，幸福日子万年长。
千年宝屋万年兴，子孙满堂代代顺，
东西南北进财宝，出官出贵万代兴！

进新城搬新家　解治龙　摄

五

一进主家亮堂堂，主家坐在好屋场，

白鹤仙人来结将，鲁班仙师来造房，

大梁是根檀香木，二梁是根紫檀香，

三梁四梁认不得，不是枫香是柏杨，

自从今日乔迁后，世世代代状元郎。

搬家　李永星　摄

六

主家房子起得宽，起个芍药配牡丹，

主家房子起得长，起个金鸡配凤凰，

主家房子起得好，起个二龙来抢宝。

今日打开两扇门，子辈儿孙出贵人，

说起要起真要起，富贵荣华今日起。

初一早晨进一百，初二早晨进一千，

初三初四开门等，万两黄金滚进门，

自从今日搬进后，春满乾坤福满门。

七

太阳出来喜洋洋，主家今天立华堂，

鲁班造房千年固，财源滚进世代昌，

进门进堂四角方，四四方方出栋梁，

栋梁辈出，金玉满堂，我踏步进房：

上一步，一定大富，上两步，双喜临门，

上三步，三界财多，上四步，四季发财，

上五步，五子登科，上六步，六六大顺，

上七步，七子团圆，上八步，八方来财，

上九步，久长久有，上十步，十全十美。

我从一楼上到二楼，祝主家代代住高楼，

我在楼上望一望，荣华富贵、儿孙满堂！

八

抬头举目来观望，主家今日搬新房，

黄道吉日已选上，紫薇星君坐中堂。

地基下得多稳当，每层又在圈梁上，

会泽吉利

　　后头来龙千百丈，前面金鸡对凤凰，

　　左有青狮配北象，右有朱玉和海棠。

　　新居落成好志向，子孙房房出文昌，

　　文武出在你府上，一辈更比一代强，

　　文官赛过包丞相，武官赛过杨六郎。

　　新房修得很漂亮，内外又要搞装潢，

　　进屋就把鞋换上，带进灰尘地板脏，

　　我今不必来多讲，好好坐下把酒尝。

喜迁新居　李永星　摄

九

一进大门四角方，珍珠玛瑙在中央，

左边二龙来抢宝，右边凤凰来朝阳。

文武财神来到此，八仙同来献宝忙，

各路神仙来护佑，幸福日子万年长。

今天正是好日子，主家搬进新房子，

新居豪华有气派，别具一格新样子。

一间用来装金子，一间用来装银子，

金银财宝样样全，银行存折满柜子。

客厅全套新款式，卧室新床新被子，

一间赡养娘老子，一间抚养孝顺子。

琴瑟共鸣夫妇和，喜迎亲友串门子，

楼下还有大院子，来来往往新车子，

亲朋好友来恭贺，庆祝主家好日子。

　恭喜发财大吉利，贺喜发财岁岁安！

十

主家今日迁新宅，百万财源滚滚来，

会泽吉利

迁新宅吉祥如意，搬高楼福寿安康，
乔迁天地人共喜，新居福禄寿全荣。
一片祥云绕吉宅，家庭旺盛添福禄，
两朵瑞蔼盈芳庭，人值华年增寿康。
燕贺德邻和谐人，佳室富贵接青云，
新建华厦开新第，金玉满堂万年春，
新基鼎盛辈辈发，焕然一新更荣华。

酒席吉利

结婚宴　李永星　摄

会泽吉利

地处乌蒙山主峰地段的会泽县，无论过去，还是现在，无论办红喜事，还是办白喜事，无论是厨师和帮忙人员，还是亲朋好友，无论是敬酒，还是添饭，酒席上都经常会忙里偷闲讲几个吉利，斗斗嘴，寻点开心，实属难得。只是现在办事，讲吉利的少了，尤其有的为了方便，直接包饭馆、包酒席，酒席讲吉利的就更少了。

一、总管安排入席

（一）

各位亲朋好友，下面我来说几句：咱不管是南来的北往的，北京的还是香港的，跟着毛主席打过老蒋的，骑着摩托车挂不上挡的，骑着洋车往沟里攮的，开着豪车往东家撒的，还有犯过小错没入上党的，大哥带着大嫂来欣赏的，只要是完礼的，咱抓紧时间入席了，帮忙的还是贺喜的，亲朋好友来送礼的，刷碗的还是洗菜的，厨房老师做饭的，外加老头老婆扫院的，全体都有了，请就座入席了。

（二）

喂喂，我说几句嘎：咱的桌子大菜又多，咱都叫好菜都往中间搁，因为咱吃饭的桌子没转盘，那好菜也不能刚紧着咱，咱也不能三个人吃两个人看，为了吃饭咱去闹意见，现在物价涨菜又贵，吃不完了也别浪费，打包拿走都无所谓。咱今天的客人比较多，请大家都别急，慢慢吃来慢慢喝，拿着筷子端着碗，喝到几点算几点，吃着菜来喝着酒，啥时间喝好啥时间走。我还有些话要交代清，特别带小孩的要注意听，这小孩都是家中的宝，个个家长要看好，千万别让胡乱跑，因为都是热菜刚炒好，那烧着烫着都不得了。咱今天有鱼还有虾，看好孩子别下手抓，咱今天的开桌非常快，等我说完，立马上菜。

二、结婚总管吉祥话

（一）

各位来宾请雅静，愚下还要说分明：

今日XXXX结婚，黄道吉日选择定，

今天恰逢紫微星，叫我告席我不狠①，

从小没进学堂门，愚下说话不中听，

① "狠"，在方言中有"能干""厉害"之意；"告席"，即主持席面。本句为说吉利者的谦辞。

希望来宾多谅情，国家婚姻有规定，
符合政策才结婚，互敬互爱互尊敬，
相亲相爱一辈子，百年好合不变心。

（二）

耳听火炮声声响，媒公媒婆听端详，
不用客气莫推让，奉请二位坐上方，
ＸＸ两位结成双，感谢媒人帮大忙，
你家有事早请上，我们赶紧来帮忙，
喜洋洋来笑洋洋，鼓乐师傅聚一堂！

（三）

音乐奏得满屋响，唢呐吹得喜洋洋，
吹得喜鹊梅枝上，吹得碧水戏鸳鸯，
吹得花好月儿亮，吹得欢喜闹洞房，
新郎快来把烟装，新娘递来水果糖，
承蒙众位帮大忙，牢记大家情义长。

（四）

各位来宾和亲朋，欢迎大驾来光临，

今天黄道已确定，即将下界紫薇星，

七仙下凡配董永，柳荫树下结良姻；

女儿娘家有教训，接物待客样样行，

夫妻恩爱百年春，双方建立鱼水情，

堂上公婆要孝敬，三从四德记得清，

陪嫁办得齐齐整，赛过邻里几个村。

（五）

张灯结彩迎新人，龙飞凤舞庆新婚，

天赐良缘配成双，八字相合结珠连。

火红的日子　王俊　摄

农村宴席　王良忠　摄

搭下铁桥千年在，栽起青松万年长，

欢天喜地结良缘，洞房花烛笑开颜。

十年修得同船渡，百年修得共枕眠，

早生贵子与千金，海枯石烂不变心。

团结亲邻孝父母，家和人和万事兴，

当家理财走好运，春满人间定乾坤！

三、厨房斗嘴

甲：青松棚，两边排，厨房老师我请来，厨房老师我请到，文官武将请出来。什么官？老臭官。

乙：青松棚，两边排，东家今天请我来，我不是文官，也不是武官，我只会做菜把饭端，哪个学你，还冒充天官。

甲：厨房老师手脚高，海带头上使双刀，白呢白呢拉墩子，瘦的瘦的薄薄飘，薄薄片，薄薄飘，花样大海花胡椒。

乙：我厨房老师手脚高，我海带头上使双刀，瘦肉瘦肉切得好，墩子墩子拉得妙，亲戚朋友动筷子，个个夸我手艺好。

甲：东家请我来帮忙，我又出菜又跑堂，一边跑，一边闹，东家这场客事，办得好热闹！

刘关玉　口述

四、夸厨师

（一）

你一番来我一番，粉笔墙上画牡丹，

牡丹画得团团转，会者容易不会难。

我今只说另一件，先给厨师来拜参，

不说厨师都得淡，说起厨师有根源。

前朝皇帝把命管，有位厨师本姓詹，

皇上问他啥味鲜，他答美味不离盐，

皇上不信把他斩，事后引起民不安，

皇上知错悔不该，千悔万悔也枉然，

当年八月逢十五，让他座位十八天。

厨师根源书一段，不知说得全不全，

倘若有错和缺点，多多批阅作指点。

（二）

厨师技术手艺妙，做盘饭菜很奇巧，

当时找他请了教，这菜意思不明了，

他来详细作介绍，内容概括有几条，

矮子爬梯步步高，感谢媒人搭鹊桥，

今日新人踩新桥，一时修起万年牢，

取个什么名字好，取名就叫铁板桥，

愚下说得不太好，敬请大家不要笑。

五、好个老表（调侃斗嘴）

甲：好个老表嘴又得，有情有义敬宾客！好个老表礼兴大，酒没喝够乱说话！鸡罩罩蚊子，气都出不得！马尾穿豆腐，提都提不得！

乙：好个老表毛衣华，昨晚顺着东家撒，东家请你做好事，你办事达个（就像）猪二爸！

甲：好个老表生呢苗，头上戴个撮撮帽，东家请你办好事，你办事达个（就像）大草包！

乙：日头出来红又红，好个老表像条龙，东家请你办好事，你办事达个（就像）大狗熊！

甲：好个老表背新人，一背新人就出门，二背新人马车边，三背新人坐上车，各位众亲众戚笑呵呵！老表像个马大哈！

乙：清早来时七点半，好个老表忙得蹿，来到东家吃早饭，早饭吃已毕，你还不谢谢各位众亲戚！

王保林　口述

六、小小酒瓶(酒席敬酒)

小小酒瓶绿茵茵，蒸出酒来敬新亲，
新亲不吃这杯酒，枉费东家操场心！

小小酒瓶绿茵茵，蒸出酒来待远亲，

会泽吉利

远亲不吃这杯酒，枉费东家一片心！

小小酒瓶白生生，斟出酒来凉阴阴，
今晚每人敬杯酒，个个帮忙都热心！

小小酒瓶白生生，斟出酒来凉阴阴，
斟杯小酒敬老表，老表不吃整不成！

小小酒瓶圆又圆，蒸出酒来甜又甜，
老的吃了活百岁，少的吃了点状元！

小小酒瓶圆又圆，蒸出酒来蜂蜜甜，
少的吃了做高官，老的吃了多挣钱！

小小酒瓶口口挓，蒸出酒来稀稀洒，
洒洒稀呀稀稀洒，提着酒来敬东家！

小小酒瓶口口挓，蒸出酒来稀稀洒，
我借这杯轻薄酒，感谢各位众亲家！

张桃定　黄应华　雷顺所　口述

七、酒席添饭

小小勺子把把小，我敬饭敬得少，
我敬的也不多，就敬老表几颗颗。

小小勺子窝又窝，添勺米饭敬哥哥，
敬的全是心和意，这勺米饭也不多。

小小桌子四角柞，头上墩着八碗八，

农村酒席　王良忠　摄

会泽吉利

新姑爷你动筷子，新媳妇你动手抓。

小小桌子四角札，头上摆起长绒花，
新姑爷你不动手，陪郎先生用手抓。

樟木桌子化桃脚，八个大姐坐一桌，
鸡鸭鱼肉摆满桌，香飘满庭话落落。
八个大姐一动筷，馋得小哥口水落，
哪个大姐心疼我，拈只鸡脚嚼一嚼。

樟木桌子化桃脚，八个大姐坐一桌，
头上别的金簪子，脚上扎的花裤脚。
桌子头上话搭话，桌子下面脚搭脚，
等着老表干完活，拿双碗筷坐一桌。

张桃定　黄应华　刘关玉　口述

开张开业吉利

开业庆典　王良忠　摄

会泽吉利

在乌蒙山深处，会泽的农村，按照当地过去的习俗，在开张开业的时候，总要洗手、焚香、烧纸、献饭。这些程序做完后，开始打粗碳，边打粗碳边封赠一些吉利话，连续讲三遍（有的在心里默念或小声念），然后再放爆竹（鞭炮）庆祝开张开业。

一

今天好时节，开业正大吉：一开福星高照，二开生意兴隆，三卅财源茂盛，四开四季发财，五开五福临门，六开六六大顺，六六大顺，六六大顺！

二

吉吉良良，天地开张！年无忌、月无忌、日无忌、时无忌，大吉大利、清静平安、顺顺利利！姜太公在此，太上老君急急如律令、太上老君急急如律令！好人相逢、恶人远离，财源广进、五福临门，福星高照、万事如意，心想事成、全家安康！

三

清晨开门喜鹊叫，开业大吉传喜报，送您生意兴隆三件宝：一宝诚信经营聚宝盆，一宝微笑服务摇钱树，一宝温馨港湾金如意，保您财源滚滚来，生意红火吉祥富贵！再给老板道声好，祝您乘祥云，日进斗金；再给老板贺声喜，祝您招财神，喜事不离！祝开业大吉大利，财源滚滚万事如意！

四

今天开业财门开，各路神仙送财来：一送金银堆成山，二送富贵万万年，三送三星高照，四送四季发财，五送五子登科，六送六六大顺，七送天上七仙女，八送八仙过海来，九送老龙归大海，十送十全十美，十一送您摇钱树，十二送您聚宝盆，摇钱树，聚宝盆，朝落金子晚落银，落的金子比斗大，落的银子用秤称。恭喜贺喜！恭喜贺喜！

会泽吉利

五

今日开业吉利多，我为开业唱赞歌：薄利多销生意好，财源滚滚三江源！日进钞票几百万，夜进玛瑙与金砖！公司遍布各都市，天天利钱堆成山！

全家福 张文荣 提供

剃长毛收干儿子吉利

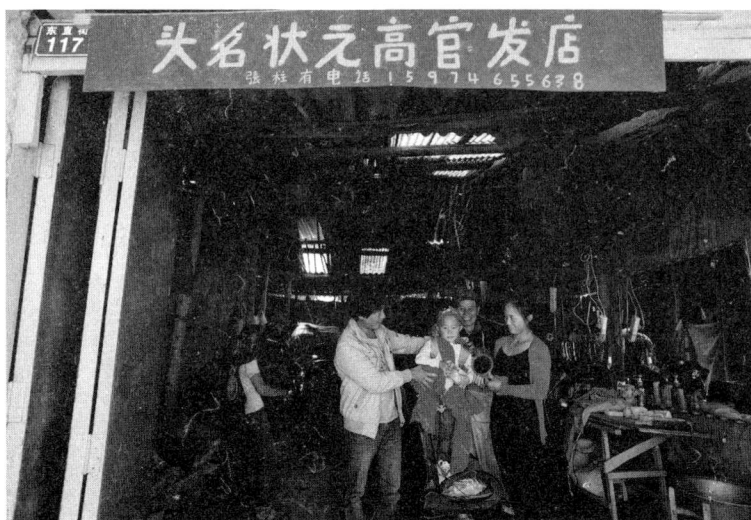

剃长毛　王良忠　摄

会泽吉利

在乌蒙山深处，会泽的农村，按照当地过去的习俗，有些人家养儿子兴留长毛，大概到孩子五六岁时，请人瞧个好日子，开始办喜宴剃长毛。在剃长毛的时候，要请老干爹来剃（老干爹不会剃的，也要拿剃刀做个样子，然后再交给剃头师傅剃），边剃边讲吉利话进行祝福。

一、剃长毛

（一）

金钩挂起银罗帐，请出小官坐正堂，
昨日朝中剃宰相，今朝又剃状元郎！

（二）

剃头刀子弯又弯，拿在头上翻一翻，
左一翻来右一翻，不做文官做武官！

（三）

今日鸿运正当头，东家请我来剃头：
一剃孩子无病灾，二剃孩子长成才，
三剃孩子衣食足，四剃孩子有福禄，
五剃孩子登皇榜，六剃万事大吉昌！

（四）

良辰吉日剃龙头，除旧迎新百岁长，

金钩挂起银罗帐，请出公子坐明堂，

看一看来观一观，公子剃头不一般。

厚长耳垂宽脑门，一看就是有福人，

鼻子高高往上升，一看就是研究生，

两条眉毛弯又弯，以后一定当大官，

牙齿白白露出来，一定是个文秀才，

文秀才来露露脸，以后一定是大款。

今日我来剃了头，将来富得把油流，

福如东海深万丈，寿比南山还要高，

心想事成事事成，富贵荣华福满门，

自从今日把头剃，恭喜公子大吉利。

（五）

一把刀子亮晶晶，制刀原来是老君，

颜氏夫人怀孔子，李氏夫人怀老君。

怀下老君八十一，生下老君会打铁，

老君手艺很高深，打把刀子新又新。

文武官人可以用，我今拿来剃岁星，

会泽吉利

自从今天剃过后，从小到大病不生，
剃得男来登金榜，剃得女来受皇恩。

（六）

今日吉时来理发，一生富贵又荣华，
长寿大利又大吉，长命百岁还有余，
福如东海万丈深，寿比南山万丈高，
心想事成事事成，富贵荣华福满门，
事事如意万事兴，岁岁平安值千金。

（七）

今日来理发，一生富贵荣华！
长寿大吉大利，百岁还有余！
理个盘龙绕，洪福齐天当头照！
理个盘龙髻，春风得意一辈子！

（八）

剪乳发，未来将一帆风顺，
换新装，前途一定放光明；
剪乳发，今朝立下凌云志，

换新装，明日定成栋梁才。

二、收干儿子

（一）

一双袜子新又新，今天拿来穿岁星，
自从今天穿过后，从小到大病不生，
是个男子登金榜，是个女子受皇恩。
金鸡飞过凤凰台，先穿袜子后穿鞋，
自从今天穿过后，福又来是寿又来。

（二）

天上掉下一条藤，今天拿来拴贵人，
自从今天拴过后，无灾无难长成人。
刀剪断无灾无难，手拿绳子是红色，
是个男孩登金榜，是个女孩受皇恩。

（三）

一条凳子四只脚，拿给岁星坐一坐，
有请岁星来坐起，几句好话对你说：

会泽吉利

黄道吉日佳期至，今天我家进新人，

五行八字生辰好，收男收女都得行，

今天把你收过来，无灾无难长成人。

一件衣服新又新，我今拿来穿岁星，

自从今天穿过后，一年四季病不生。

（四）

一条裤子新又新，轩辕织布到如今，

轩辕织下万般布，机先圣母来打成。

自从今天穿过后，无灾无难长成人，

乖乖入学高中举，北京清华考头名。

（五）

身上拆下一根绳，今天拿来拴贵人：一拴天长地久，二拴地久天长，三拴荣华富贵，四拴金玉满堂，五拴五子登科早，六拴六合来同春，七拴入学高中举，八拴留学把名扬，九拴一生有富贵，十拴前途更辉煌。红的拴起，红红火火，白的拴起，百事大吉，青的拴起，清清静静，多做高官，不生怪病。我手拿剪刀白如银，我今拿来剪红绳，一刀剪断无灾无难，自从今天剪过后，无灾无难长成人。

172

祝寿吉利

祝寿　张文荣　摄

祝寿，又叫贺寿、做寿。是为庆祝长辈生日而举行的礼仪活动，一般在长辈满六十、七十、八十等逢十之年举行。少数地方在逢九之年也行祝寿礼，有的逢一之年举行，各有不同，其中七十七岁为喜寿，八十八为米寿，是比较隆重的两次。行祝寿礼要有"寿筵"，一般寿筵活动由子孙发起，寿礼活动根据家庭情况及社会地位而定，一般会邀请亲朋好友来道贺。寿诞礼上要吃寿面，俗称"长寿面"，亲朋好友通常会送寿桃、寿联等寿礼，晚辈要给长辈行跪拜礼。期间，有的安排主持人讲吉利话，有的由亲戚朋友讲吉利话，讨口彩，祝愿寿星健康长寿。

一、主持人说辞

（一）

一言启敬众客尊，主家今日办寿辰，
承蒙诸君赏大驾，一路奔忙受风尘。
多谢诸位喜赏脸，主家席前表寸心，
喜逐颜笑红梅开，乐笑开怀迎客来。

天上众星拱北斗，人间活水向东流，
欢聚一堂祝福寿，南山松柏常年青，
青樽盛酌祝寿酒，杯杯美酒敬寿星。
主家条件很有限，接待不是很周全，
礼节不太合规矩，还望各位多包涵！

（二）

主人家席前敬酒，席下敬意请满饮，
二月天地皆是春，主隆寿家人丁兴，
千秋百载枝叶茂，ＸＸ寿星岁岁新，
福如东海长流水，寿比南山不老松。
承蒙各位喜赏脸，寿星举杯席前敬，
谢过宾客一片情，粗茶淡酒主家备，
不到之处请谅情，敬请诸位慢慢饮。

（三）

主家叫我把席告，没有准备心头焦，
心想又怕说错掉，各位来宾把寿朝。
年命坐紫微高照，老人家的寿龄高，
亲朋好友来不少，寿烟寿酒和蛋糕。

会泽吉利

火炮如同放大炮，惊动仙翁把寿朝，

八仙急忙来赶到，拐李仙师道法高。

钟离老祖把扇摇，洞宾挂剑清风绕，

湘子云端吹玉箫，国舅简板敲得妙。

采和篮内现蟠桃，仙姑手拿长生草，

果老骑驴献凤毛，各位来宾请坐下，

寡菜淡酒饮几盅，红光满面福寿高。

（四）

我言启敬，各席贵宾，今日主家，喜办寿辰，ＸＸ大寿，乐知天命，亲戚朋友，族下四邻，驾临寒舍，送来厚情，席上菲薄，不成恭敬，既缺海味，又缺山珍，备下薄酒，敬上几巡，希望来宾，开怀畅饮。

（五）

吉时吉日喜相逢，丰年丰月更丰登，增福增禄增长寿，寿山寿水寿长生，生财生利生贵子，子孝孙贤代代荣，荣华富贵年年有，有钱有势有前程！吃不愁来穿不愁，不住平房住别墅楼，生意好比长江水，生活如同锦上花，大财小财天天进！一顺百顺日日发，一日千里迎风帆，两袖清风做高官，三番五次撞大运，四季发财路路宽，五湖四海交贵友，六六大顺多挣钱，七星高照事业旺，八方元宝堆如山，九龙呈祥人康寿，十全十美合家欢！

（六）

只有前程还不行，下面的掌声还没停。祝大哥：一帆风顺扬风帆，两袖清风做高官，三阳开泰年年顺，四季发财路路宽，五福临门交好运，六六大顺乐无边，七星高照交贵友，八方进宝堆成山，九子登科传后代，十全十美留人间！

二、亲戚朋友说辞

（一）

一对蜡烛亮堂堂，照得主家喜洋洋，

照在上方摆礼物，照在下方客满堂，

照在左边好上寿，照在右边穿衣裳，

亲戚朋友来祝寿，金光闪闪寿元长！

蓝布衣裳新又新，不长不短将合身，

左穿一件千秋永，右穿一件老少君，

前穿一件张果老，后穿一件八百春，

会泽吉利

贺寿　张文荣　提供

今日穿起上寿后，寿高百岁万年春！

（二）

松龄长岁月，蟠桃捧日三千岁，

鹤语寄春秋，古柏参天四十周，

愿献南山寿，年齐大衍经纶富，

先开北海樽，学到知非德器纯，

绿琪千岁树，杖朝步履春秋永，

明月一池莲，钓渭丝纶日月长，

寿考征宏福，瑶池百年春不老。

（三）

今日庆古稀，他年再双庆，年年都有今日，岁岁都有今朝；晚年自有祥光照，鹤舞夕阳分外红，福如东海长流水，寿比南山不老松。

（四）

抬头观望，来宾请端详，XX家，二老把福享。老人越活越健康，今年已满六旬上，红光满面气昂昂！生成是个发财相，生下几个好儿郎，为祖国人民献力量，共产党恩情记心上，文官赛过包丞相，武官赛过杨六郎，计谋赛过诸葛亮，算计还比孔明强，文官武官出在你府上，一辈更比一辈强！送的寿礼多花样，屋头客厅放满堂，祝您二老把福享，来宾慢慢把酒尝。

（五）

老人家生活之树常绿，生命之水长流，寿诞快乐，春晖永绽！让我们一起恭祝老寿星福如东海、日月常明、松鹤长

会泽吉利

春、春秋不老、古稀重新、欢乐长远！让我们以热烈的掌声，祝福 XX 老先生 (老伯母)，福如东海常流水，寿比南山不老松！祝愿老人家身体健康，心想事成，晚年幸福！

耍龙灯吉利

龙出宫 王良忠 摄

会泽吉利

　　会泽民间的耍龙灯活动，由来已久。据《东川府志》记载，从清朝时期就沿袭下来。耍龙灯的顺序大致是：最前面由耍火炭者开道，用细铁丝拴着两个装着燃烧木炭的铁框，双臂交叉挥舞，宛若火龙翻飞。接着是过山号，并配有锣、鼓、镲等。紧接着是各种彩灯：先是一对圆形号头灯，上面书写"风调雨顺""国泰民安"等象征太平的祝福语，之后为木质长方形牌灯数对，各种水陆动物彩灯十数对。彩灯后面是云彩灯、彩船、鹬蚌等，以二胡、南胡、笛子、小锣、云锣、小镲等乐器伴奏，表演着简单而生动的舞蹈。然后是舞狮，配以打击乐，边舞边燃放鞭炮。最后则是龙灯队，由龙头、龙身、龙尾共12节组成，闰月则增加一节，共13节。在表演龙灯舞时，锣鼓喧天，鞭炮齐鸣，礼花阵阵，把整个耍龙活动引向高潮。在单位或大户人家门口耍龙时，中途会停下来，由主持人讲一些吉利，对单位或主人家进行祝福，讨口彩。讲完后，相关单位或主人家会适当送个红包给龙灯队。此时，锣鼓喧天，鞭炮齐鸣，把祝福送达。耍龙大多是在春节、元宵节等节日举行，但有的人家在乔迁、祝寿等喜庆日子，也会请耍龙队伍耍龙进行祝贺。

耍龙灯吉利

一

龙灯耍得喜盈盈，贵户接龙好用心，今日龙神来贵府，既招财来又送福。老人今日来接灯，能走万里挑千斤！青年今日来接灯，百样精通百样能！少者今日来接灯，英雄少年赛世人！工人今日来接灯，月月超产拿奖金！嫂子今日来接灯，是位温和贤德人！姑娘今日来接灯，美丽聪明有本领！读书郎今日来接灯，崇高理想定能成！孩童今日来接灯，千锤百炼长成人！门迎春夏秋冬福，户纳东南西北财，吉星高照平安宅，如意吉祥福临门！自从今晚龙翻身，春满乾坤福满门！

二

龙灯头上五色青，龙灯今到贵府门，承蒙主家多爱好，火炮连天迎龙神。龙王到此无别事，来给主家贺新春：一贺福寿绵延，二贺富贵平安，三贺三元着状，四贺四季发财，五贺五子登科，六贺六六大顺！

183

三

黄龙飞舞下天庭，特到贵户贺新春，黄龙堂前一声请，一家老少听分明：一祝老人添福寿，寿比南山老寿星，祝您身体天天好，愿您儿孙个个能！再祝东家好财运，左抓金来右抓银，一年四季行好运，东西南北遇贵人！三祝儿孙接班人，眉清目秀好聪明，能文能武样样精，光耀门庭到紫禁！自从今日庆过后，荣华富贵满堂春！

四

金龙下界喜连连，特向主家拜新年：一拜老人福无边，儿孙满堂身体健！二拜青年志气大，敢想敢干敢向前！三拜少儿易成长，勤学好问有才干！再拜当家打算好，发家致富创新天！上上下下都拜上，满门喜气乐无边！

五

爆竹放得喜洋洋，我送黄龙上天堂，保佑老人多福寿，保佑小孩健康长，保佑中年擎天柱，保佑学子成栋梁，保佑风调又雨顺，保佑四季皆平安，保佑五谷再丰登，保佑六畜多兴旺，保佑人人能致富，保佑家家更昌隆！龙上九天言好事，普降百姓大吉祥，我们本是黄龙后，世世代代万年长！

六

一条黄龙下天庭，游来游去游进门，我们本是黄龙后，荣华富贵万年春！万炮齐鸣进大堂，保佑老人多福寿，保

财神送宝　王良忠　摄

佑儿孙更健康，左边尽是金库银，右边还有积谷仓，金银库里出财宝，积谷仓里万担粮！我们本是黄龙后，荣华富贵与天长！

七

新春佳节龙抬头，紫气东来好兆头！画龙点睛，好运多多数不清！鱼跃龙门，好运都在聚宝盆！神龙摆尾，好运见头不见尾！飞龙在天，好运陪您每一天！龙飞凤舞，好运常在心头驻！虎步龙行，好运助您样样赢！龙马精神，一生好运总不停！新春时节龙抬头，祝您幸福到永久！

八

看花灯，闹花灯，元宵佳节热腾腾。男子看灯开智慧，科场开考第一名！妇女看灯生贵子，定能长成好人品！姑娘看灯学花样，挑花绣朵不求人！学生看灯长见识，古往今来分得清！自从今日看灯后，少男少女皆成人，幸福日子天天跟！

九

锣鼓喧天响阵阵，元宵佳节耍龙灯，男女老少把灯看，彩词献给看灯人：老人看了我的灯，头发白了又转青，能挑千斤走万里，牙齿掉了又重生！青年看了我的灯，百样精通百样能，能文能武显身手，国家建设争先进！少年看了我的灯，英雄少年赛罗成，有志不在年岁高，功夫到家自然成！庄稼人看了我的灯，年年都有好收成，五业六畜都兴旺，勤耕苦盘土变金！工人看了我的灯，月月超产拿奖金，四化建设立新功，光荣榜上扬美名！解放军看了我的灯，保卫祖国建功勋，钢枪紧紧握在手，英雄战士人人敬！纪检卫士看了灯，利剑高悬为人民，打虎拍蝇浑不怕，要让人间留光明！嫂子看了我的灯，孝敬公婆好名声，待人接物礼为先，是个温和贤德人！姑娘看了我的灯，织布绣花有本领，双手托起半边天，建设祖国献才能！读书郎看了我的灯，理想崇高好德性，勤耕苦读千万卷，高考得中第一名！小孩看了我的灯，百病不沾好精神，从小立下英雄志，千锤百炼长成人！众多彩词唱不尽，齐心协力奔前程，我们彩灯往前行，想看彩灯紧紧跟！

十

元宵耍龙龙抬头，龙不抬头您抬头。舞龙灯，剃龙头，烦恼剃个光光头！炒豆豆，啃猪头，富甲一方满口油！点龙睛，着龙绸，看花赏月黄鹤楼！扶龙须，献龙酒，好吃好喝好消受！敬天神，祈龙福，五谷丰登好兆头！送问候，愿您牛，幸福快乐无尽头！

十一

金龙下界喜盈盈，特向您家贺寿星：福如东海长流水，寿比天边北斗星！儿孙满堂家兴旺，门前松柏长青青！光明磊落一身正，子孝孙贤有传承！夫妻恩爱百年好，德高望重留美名！

十二

金龙下界喜洋洋，特贺主家新姑娘：貌似百花不露面，心比菩萨疼爹娘！拿起枪来除虎豹，拿起笔来写文章！相夫教子贤妻良，幸福家庭美名扬！

十三

金龙下界喜盈盈，特贺主家得龙孙：孩儿生得真聪明，必是天上文曲星！从小可爱又伶俐，眉清目秀多称心！长大有如岳鹏举，上报国家下保民！

十四

老龙背上三点黄，主家坐得好屋场，坐到龙头出天子，坐到龙腰掌朝纲！老龙背上三路鳞，今天来到主家门，一生

耍水龙　王良忠　摄

桃李满天下，强将手下无弱兵，子女教育搞得好，个个名牌大学生，富贵人家代代兴！

十五

虾子灯，笑盈盈，特告十六大匠人：金银两匠吕洞宾，窑铁两匠李老君，石匠要数连太祖，瓦匠谓将太真人，锡将罗万祖，漆匠黄龙真人，木匠公输子，篾匠李光明，箍匠邓氏夫人，画雕两匠为扬武，染匠公真人，弹匠轩辕酒杜康，皮匠是军师大孙膑。

十六

耍了一场又一场，再耍一场也无妨：一耍龙现爪，二耍狮翻身，三耍桃园三结义，四耍童子拜观音，五耍五子登科，六耍六六大顺，七耍天上七姊妹，八耍神仙吕洞宾，九耍九棵摇钱树，十耍十个聚宝盆，摇钱树，聚宝盆，朝落黄金晚落银，朝落黄金无数计，晚落银子无秤称！

提车吉利

提车　张文荣　提供

会泽吉利

新的时代，车辆作为代步工具，基本普及到每家每户。而且，人的一生，买车就像买房盖屋，一辈子也就一两次。所以，很多人在提车（接车）的时候，都很珍惜都很在意，都希望平安吉祥。有的比较注重，自己会准备六尺或三尺六花红，挂在车上，讲点吉利进行祝福，然后炸封炮仗，才高高兴兴启动新车回家。不太讲究的，在提车时，车行也会在倒车镜上挂上红绸子，由员工简单地举行提车仪式，然后，让买车的顾客把车开走。基于此，笔者便收集编写了几个提车吉利，以供参考。

一

一匹花红六尺长，手提花红进车行，六尺花红拿在手，一辆吉车要开走。我把花红挂车上，车主福旺财旺运气旺！花红一系，顺顺利利！车门一关，平平安安！发动机一响，黄金万两！挡位一挂，平平安安走天下！手刹一松，一路顺风！方向盘一转，家财万贯！油门一加，吉祥如意乐开花！吉车开起走四方，风雨无阻保安康，生意兴隆通四海，财源茂盛达三江！

二

一匹毛红宽又宽，来自咱们乌蒙山，昨天还在街上卖，今天拿来车上拴，前面拴它一尺三，不拉银砖拉金砖，后面拴它一尺九，一年更比一年有！方向盘上挂一挂，天天平安走天下，车门一关，富贵平安！车子一响，黄金万两！挡位一挂，钱包都装不下！车前车后挂一转，一年要挣几百万！恭喜恭喜，提到新车子！

三

吉日吉时把车提，幸福吉祥好日子！六尺毛红系车头，六六大顺走神州！神州富贵遍地开，如意财源滚滚来！条条道路风帆顺，四季平安载誉来！

四

兄弟提车福禄到：装满一车幸福，让平安开道！抛弃一切烦恼，让快乐与你环绕！存储所有温暖，将寒冷赶跑！释放一生真情，让幸福平安永远对你微笑！

五

太阳出来红彤彤，今日提车最顺风！三尺毛红车上系，提到新车万事如意！发动机一响，鹏程万里无故障！新车起步，一路顺风平安万年路！

六

今日大哥来提车：好人配好车，美女配帅哥！开车多看路，交警特别多！开车去聚会，不要把酒喝！安全常记心，每天笑呵呵！平安健康，喜多财多！

七

今日提车大吉昌：新人、新车、新气象，新年、新事、走新路！祝福兄弟，新车上路：一路顺风、四季平安、万事如意！大吉大利！

节日祝福吉利

端午芦笙舞　王良忠　摄

会泽吉利

在会泽的很多地方，过去，由于交通和通信都比较闭塞，还没有手机，更没有短信微信，逢年过节，亲戚朋友聚在一堆、坐在一起，都会讲一些祝福的吉利话，讨个口彩。今天，大多通过手机，发短信、发微信等进行祝福。在这里，结合传统和现代，编写了一部分节日的吉利话，仅供参考，若有雷同，敬请谅解海涵！

一、春节

（一）

新春佳节到，拜年赶个早：一拜全家好，二拜困难少，三拜烦恼消，四拜不变老，五拜儿女孝，六拜幸福绕，七拜忧愁抛，八拜收入高，九拜平安罩，十拜乐逍遥！

（二）

盛世欣逢又一春，春风满面祝福声，祝愿您：一帆风顺，二龙腾飞，三阳开泰，四季平安，五福临门，六六大顺，七星高照，八方来财，九九同心，十全十美！

（三）

一把钥匙开新年,双马戏水送福源,三元归一好事连连,四海升平把福延,五福临门春节欢,六六大顺家平安,七星北斗吉祥现,八方宾朋来团圆,九州华夏共此时,十全十美年复一年！

二、元宵节

（一）

春风阵阵佳节到,元宵灯会真热闹！四面八方人如潮,欢声笑语满堂飘！亲朋好友祝福绕,开开心心活到老！元宵

歌舞闹古城 王良忠 摄

197

会泽吉利

佳节好运罩，万事顺意步步高！

（二）

明月照，元宵到，吃口汤圆幸福绕！赏花灯，猜灯谜，万千喜气将您抱！访新朋，会老友，举杯畅饮心欢笑！人相聚，享天伦，美酒飘香乐陶陶！汤圆圆，月儿圆，团团圆圆乐逍遥！

（三）

正月里来是新春，十五花灯闹乾坤！汤圆团团香喷喷，元宵佳节福满身！好运和您不离分，万事如意永开心！

三、二月二

（一）

二月初二，龙抬头：一抬头，丰收在望好兆头！二抬头，福禄寿喜全都有！三抬头，烦恼霉运全溜走！四抬头，成功事业攥在手！五抬头，步步顺达争上游！六抬头，幸福健康到永久！

江西会馆唱大戏 王良忠 摄

（二）

二月二，龙抬头，衷心祝福您：幸福快乐无尽头，美好前程有奔头，亲情爱情暖心头，圆满人生有盼头，财源滚滚不用愁，事业更上一层楼！

（三）

二月春风龙抬头，吉祥如意好彩头！财运刚刚冒出头，幸运悄悄立上头！福运绵绵在前头，好运多多在里头！喜鹊喳喳闹枝头，幸福生活到白头！

四、清明节

（一）

春意盎然迎清明，春风伴柳祭故人，坟前鞠上三个躬：一鞠感谢养育恩，二鞠青山埋忠魂，三鞠代代出新人！

（二）

春风已融雪千层，后代难忘先辈情！山清水秀风光好，踏青祭扫拜先人！警言在耳犹记心，继往开来慰英灵！高风亮节传后人，言传身教树长青！

（三）

草长莺飞，情谊一天一天加深，杨柳依依，垂下思念纷纷！桃花落尽，凋零不了美丽心情，但愿君心似我心，情谊更比东海深！

五、五一节

（一）

五一到，为你种下一棵幸运草，引来一群快乐鸟，鸟语花香将你绕，为你筑起幸福巢，累累硕果挂树梢，厚厚福荫将你罩，从此高枕无忧乐逍遥！

（二）

五月一，劳动节，五件祝福大礼包，送给朋友一大套：一片祥云笼罩，一首平安曲调，一张健康保票，一本成功护照，一个幸福微笑，愿您烦恼一笔勾销，天天把快乐拥抱！

（三）

五一节来了，祝福心意到：年年有今日，岁岁有今朝，

幸福团圆　张文荣　提供

会泽吉利

月月涨工资，周周中彩票，天天好心情，日日好运到，白天遇财神，晚上数钞票，夜里做梦还在笑！

六、端午节

（一）

五月五，是端阳，又逢佳节好时光！荡起桨，推开浪，龙舟飞舞喜洋洋！饮雄黄，佩香囊，除菌防病保健康！闻粽香，喝姜汤，幸福生活万年长！

迤车文化节　王良忠　摄

（二）

端午赛龙舟，三龙湖上游：金龙快快游，愿您身体壮如牛！银龙快快游，愿您开源又节流！铜龙快快游，愿您快乐没忧愁！三龙伴您游，一生一世不用愁！

（三）

层层粽叶层层情，一层一层送亲人：一层送您身健康，二层送您事业旺，三层送您生活美，四层送您如蜜糖，五层送您万事顺，六层送您喜洋洋！

七、中秋节

（一）

偷得王母的玉液琼浆，盗来财神的财源兴旺，拐得寿星老的万寿无疆，劫来菩萨的幸福安康，送给亲朋好友：中秋团圆业兴旺，生活幸福更健康，万事如意大吉昌！

（二）

月儿圆，月饼香，愿您身体永健康！手中茶，杯中酒，愿您好运天天有！丹桂游，到中秋，愿您无虑也无忧！送祝福，念故友，花好月圆人长久！

（三）

相思明月前，祝福花香伴：一愿人团圆，千里共婵娟！二愿爱美满，情意永绵绵！三愿家庭全，年年都团圆！四愿事业甜，万事皆圆满！五愿身康健，疾病不见面！六愿合家欢，欢天喜地福禄全！

八、重阳节

（一）

重阳菊花一排排，秋高气爽心花开！重阳大雁一排排，送你祝福好运来！重阳好事一排排，灾祸病痛土里埋！重阳短信一排排，幸福永久乐开怀！

（二）

九月初九是重阳，欢欢喜喜登高忙，美好日子心坦荡，意气风发不彷徨！奋发图强事业棒，功成名就美名扬，精彩人生铸辉煌，美满人生幸福长！

（三）

岁岁重阳，今又重阳，不是春光，胜似春光。松柏不残四季翠，山中难老百岁郎，人老心不老，寿比南山松柏强！

九、国庆节

（一）

国庆重阳喜相逢，金秋佳酿伴华荣，锣鼓敲出祝福声，声声祝福情意浓：一庆全家喜相逢，二庆情意比酒浓，三庆事业红又红，四庆平安常随从，五庆疾病隐无踪，六庆国运更昌隆！

（二）

金秋风光无限，十月天高云淡，良辰阳光灿烂，吉时热闹非凡！喜庆枫叶红遍，千山层林尽染，大街小巷快乐弥漫，东南西北灯火璀璨！国庆佳节绽放笑颜，祝福亲友幸福平安，快乐健康天天见，好运永远身边伴！

（三）

国庆节，手牵手，幸福美满到永久！国庆节，脸贴脸，共同度过艰和险！国庆节，嘴对嘴，一生一世不后悔！国庆节，头碰头，互相扶持到白头！

十、元旦节

（一）

雪花空中飘，元旦又来到，拜年赶个早：一拜全家好，二拜收入高，三拜没烦恼，四拜乐逍遥，五拜六拜幸福绕，七拜八拜不变老，九拜十拜好运到！好运到，寿星开怀笑，福禄送元宝，一生一世乐陶陶！

（二）

一元复始万象新，新年送来祝福声，祝愿众亲戚：一帆风顺、二龙腾飞、三阳开泰、四季平安、五福临门、六六大顺、七星高照、八方来财、九九同心、十全十美、百事亨通、千事吉祥、万事如意！

（三）

平时联系少，千万不要恼！各有各的事，推也推不了！如今元旦到，忙碌要丢掉！心情要美妙，快乐自己找！轻松又逍遥，每天都过好！福星总高照，一年更比一年好！

掸尘扫房吉利

掸尘　张文荣　摄

会泽吉利

民间谚称"腊月二十四，掸尘扫房子"。地处乌蒙山主峰地段的会泽，虽说把腊月二十四当作"扫尘日"，但实际上，从农历腊月二十四日起至除夕止这段时间，都叫作"扫尘日"，也叫"迎春日"。所谓"扫尘"，就是年终大扫除，家家户户清扫蛛网浮尘、清洗衣服被子等。扫尘既有驱除病疫、祈求新年安康的意思，也有除"陈"布新的情感愿望。这一风俗反映了会泽人民爱清洁、讲卫生的传统，寄寓了人们对美好的期盼，至今仍保持顽强的生命力。

一

马上要过年，我给大家讲吉言：掸掸灰尘，金银滚进门，一掸风调雨顺，二掸国泰民安，三掸家庭清洁，四掸四季发财，五掸五谷丰登，六掸六畜兴旺，七掸掸除烦恼，八掸八方进宝，九掸掸进财富，十掸十全十美！天天好运来，年年发大财！

二

二十四，扫尘日，跟我一起来扫除：一扫霉运跑，好运马上就来到！再扫烦恼少，快乐在你身边绕！三扫疾病走，健康永远跟你走！四扫阴霾消，顺利平安拴得牢！五扫除旧

208

年，吉祥如意来报到！随便扫一扫，来年样样都很好！

三

一扫，扫去尘埃，窗明几净！二扫，扫去抑郁，豁然开朗！三扫，扫去宿怨，友好相拥！四扫，扫去迷茫，前途光明！五扫，扫去阴霾，富贵花开！亲爱的朋友，扫去小不快，迎接新未来！快乐每一天，欢喜每一年！

四

腊月二十四，迎春又扫尘：扫扫茶几，喜气多；扫扫房屋，心宽阔；扫扫床铺，薪水多；扫扫阳台，花木活；扫扫庭院，好运多！愿你扫去心中的疲惫，开心怡然；扫去脸上的愁容，笑容灿烂；扫去一年的奔波，轻松悠闲！二十四，扫房子，愿你永远开心，天天年轻，吉祥如意迎新春！

五

腊月二十四，我要送你：一把快乐扫把，烦恼忧伤扫光光！一把平安扫把，健康平安在身旁！一把吉祥扫把，

会泽吉利

富贵财源浪打浪！一把幸运扫把，好运连连笑容长！腊月二十四，扫尘布新，愿你越扫幸福路越兴！

六

新春在即，扫把上场：上扫晦气，富贵吉祥；下扫烦恼，金玉满堂；左扫疾病，平安健康；右扫愁绪，心情舒畅；晦气穷运一扫而光，腊月二十四除尘日，除旧迎新好日子！

七

腊月二十四，除尘扫房子。扫除霉运，好运有位子；扫除穷根，发财有面子；扫除疾病，健康好身子；扫除烦恼，快乐过日子；扫除痛苦，幸福一辈子！洗洗洗，洗尽所有的忧愁！盼盼盼，盼来新一年的辉煌与希望！发发发，送财童子到你家！二十四，扫房日，扫去尘埃，迎来新春好日子！

贴对联吉利

贴对联　张文荣　摄

会泽吉利

贴对联是中国人民的传统习俗，地处乌蒙山主峰地段的会泽也不例外。年末岁首，第一件事便是贴门神、对联。每当腊月二十九或三十日，家家户户纷纷把街上购买、请人写的、自己铺纸泼墨挥毫写的春联，贴到门框（门）上，将宅子里里外外的门户装点一新。贴对联时，要把上句贴在右侧，因为过去的书是竖排的，都是从右侧读起。在贴对联时，有的边贴边讲吉利，讨个口彩。

一

马上就要过大年，今天我来贴对联，
对联贴得高又高，有灾有难全盘消，
对联贴得好又好，又保老来又保小，
自从今天贴好掉，一年更比一年好！

二

明天就要过大年，我拿对联来贴联，
今天我来贴对联，明年就要赚大钱，
对联贴在门两边，天天都要比蜜甜，

对联贴在大门上，贴好以后亮堂堂，

这个对联贴上门，贴好以后进财神，

财神进到你的家，天天年年把财发，

横批贴在大门头，穿不愁来吃不愁，

对联贴得新又新，子孙后代住北京，

对联贴得很板扎，子孙后代考清华！

会泽吉利

修身箴言

本篇是编者和冯合友先生于2020年1月到会泽县田坝乡尹武村四组黄应华（女，汉族，时年84岁）家中收集吉利时，黄应华老人用清晰伶俐的口齿讲了一些吉利后，回味她平凡而又与众不同的一生时，眼含热泪给我们讲述了这修身箴言，听后，觉得很有道理很有意义，虽然与吉利有点出入，但还是把它整理了编入《会泽吉利》篇末，供读者参考体会感悟。

为人修到一个三，爹娘抱着笑开颜，还在不分好或坏，样样新奇样样翻。

为人修到一十三，爹娘送我把书端，一日到晚三顿饭，吃饭容易读书难。

为人修到二十三，好比芍药配牡丹，牡丹配在鞋尖上，穿鞋容易绣花难。

为人修到三十三，人人约我上云南，好耍不过云南省，手中无钱到处难。

为人修到四十三，生意好做担难担，二老家中耕田地，半年辛苦半年闲。

为人修到五十三，养得儿女不孤单，如果六十回转去，纸火蜡烛送上山。

为人修到六十三，人的花甲已过完，晚上脱下鞋和袜，早上得穿不得穿。

为人修到七十三，腰又疼来腿又酸，走路还要龙头拐，歇梢还要背靠山。

编者与黄应华（左）

会泽吉利

为人修到八十三，龙头拐上一枝花，亲生儿子不当它，过沟过坎拿它试深浅，上坡下坎全靠它。

为人修到九十三，好比烂船下陡滩，拿起豆腐做船底，拿起灯草做划竿，二十四个划轮片，下坎容易上坎难。

为人修到幺零三，一天好比把书翻，早上翻书你还在，晚上关书你就完。

为人修到一百三，好比太阳落西山，哭个书来书成对，哭个人老转少年！

但话是恁个（这样）讲，理不是恁个（这样）兴，山中难找千年树，世上难找百岁人！

阖家欢　张文荣　提供

编后记

吉利编至此，可谓吉祥顺利，满心欢喜！

吉利编至此，虽有一些缺憾，不算十分圆满，但也算十分幸运，至少有八九分到位，亦觉无太大憾事！人生哪能多如意？万事只求半称心。何况月盈则亏，故知足常乐，顺其自然，如此甚好。

吉利编至此，想说的话太多太多，编写过程中，走了很多路，找了很多人。下至30多岁，上到80多岁，他们给了很多帮助，用心回忆、认真讲述、尽力提供。在此，向所有讲述、提供者表示最衷心的感谢！同时，要感谢尹正祥、施星芳等师友在编写出版过程中，给予的大力关心指导。各位师友不吝赐教，使本书不断完善！还要感谢李永星、王良忠、解治龙、蔡富丽、蔡富磊、蔡富锐等亲朋好友提供的封面、封底、插图照片，使本书增色不少！还要感谢陈晋、冯合有、陶亚芬等亲友在收集过程中给予的热心支持，使本书得到充

会泽吉利

实！还要感谢会泽县委宣传部、会泽县总工会、大井镇党委政府、金钟街道党工委和街道办等单位在编辑出版过程中给予的大力关心帮助，使本书得以顺利出版！

吉利编至此，想谢的人、想谢的事太多太多，鉴于篇幅有限，不能一一点名致谢，没有点到说到的，敬请包涵谅解！

吉利编至此，读者读至此，可能会有疑问，为什么有的吉利标明了谁口述、谁提供，而有的却没有标明？标明的，那是因为口述、提供的内容基本没变或改动较小；没标明的，那是因为该吉利集众家之所述，由编者整理编写而成，故而没有标明，也无法单独标明。

吉利编至此，还要作个特别声明：所收集的吉利，其反映的是地方的民间民俗文化，体现的是地方的传统文化，更多的是还原过去的民间习俗，与封建迷信无关。所收集的吉利，皆来自于民间，有草根气息，有民间土味，未必能登大雅之堂。所收集的吉利，因时间仓促，精力有限，不足之处，敬请海涵。所收集的吉利，各地大同小异，有相通之处，雷同之处，敬请谅解。

张文荣

2022 年 2 月 22 日